小学生校外科技活动指南

本书编写组◎编

世界图书出版公司

广州·北京·上海·西安

图书在版编目（CIP）数据

中小学生校外科技活动指南／《中小学生校外科技活动指南》编写组编 . —广州：广东世界图书出版公司，2010. 8（2024.2 重印）

ISBN 978 - 7 - 5100 - 2485 - 6

Ⅰ. ①中… Ⅱ. ①中… Ⅲ. ①科学技术 - 活动课程 - 中小学 - 教学参考资料 Ⅳ. ①G634.73

中国版本图书馆 CIP 数据核字（2010）第 151500 号

书　　名	中小学生校外科技活动指南	
	ZHONGXIAOXUESHENG XIAOWAI KEJI HUODONG ZHINAN	
编　　者	《中小学生校外科技活动指南》编写组	
责任编辑	陈世华	
装帧设计	三棵树设计工作组	
出版发行	世界图书出版有限公司　世界图书出版广东有限公司	
地　　址	广州市海珠区新港西路大江冲 25 号	
邮　　编	510300	
电　　话	020-84452179	
网　　址	http://www.gdst.com.cn	
邮　　箱	wpc_gdst@163.com	
经　　销	新华书店	
印　　刷	唐山富达印务有限公司	
开　　本	787mm×1092mm　1/16	
印　　张	13	
字　　数	160 千字	
版　　次	2010 年 8 月第 1 版　2024 年 2 月第 10 次印刷	
国际书号	ISBN　978-7-5100-2485-6	
定　　价	49.80 元	

前　言

　　有些青少年朋友在自然科学的时候，总是提不起兴趣。这是为什么呢？究其原因，有以下二点：

　　第一，学习方法不对，挫伤学习的积极性。很多青少年朋友将学习等同于读书，认为只要把书读透了，成绩就上来了！所谓"书读百遍，其义自见"！这句名言看起来非常有道理。不过，这"书读百遍"的"书"是不是指每一种书呢？

　　语文、英语、历史等人文学科在书读百遍之后，自然会形成良好的语感，牢记书中的内容，甚至能够活学活用。但物理、化学、生物等自然科学则不适用这种方法。如果用书读百遍的方法来学习自然科学，恐怕只会吃力不讨好，自然会挫伤广大青少年朋友的学习积极性。自然科学是实验的科学，只有自己动手，才能真切体验其中的自然规律，进而引起思考，牢固掌握书里书外的知识！

　　由此可见，学习并不是单纯的读书，动手动脑也是一种学习！

　　第二，课内实验时间较少，广大青少年朋友没有办法自己动手进行每一个科技活动。

　　那么，广大的中小学生怎样才能学好自然学科，培养自己动手、独立思考的能力呢？其实答案很简单，那就是把课内无法实现的搬到课外来，并结合课外游戏的特点，把知识寓于娱乐之中。也就是在游戏中学习，在学习中游戏！

　　为此，我们组织编写了这本《中小学生校外科技活动指南》。本书收编

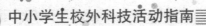
了数百个课外科技小活动，其内容既包括物理中的热学、力学、光学和电学等知识，也包括化学和生物知识。本书收编的校外科技活动，可操作性非常强，简单易行，所需要的工具和材料也是我们在日常生活中所能见到的。但是其中的知识却是深刻的！

希望广大青少年朋友在做了本书中集趣味性和知识性于一体的小活动后，能够体会到自然科学的魅力，养成自己动手、独立思考的好习惯！

目 录
Contents

怎样制作科技模型

✤ 看星座知天文 ✤

　　看星座是非常有意义的校外科技活动，学会看星座既可以帮助广大青少年朋友巩固课堂内所学到的知识，又可以培养大家的科学精神，激发中小学生学习科学、运用科学的兴趣。那么，我们应该怎样来看星座呢？

　　当然，一点不懂星象的人同样可以欣赏星空的美。星的颜色就丰富多彩：一眼看来似乎全像亮晶晶的宝石，仔细看看却有红的，有青白的，也有蓝的、黄的，还有绿的；它们闪烁着，像小仙人的眼睛。有人把无月的星夜说成是天上"琼楼玉宇"倒塌了，它的碎片布满了天空。星月交辉之夜，大家会想起"星垂平野阔，月涌大江流"（唐朝杜甫《旅夜书怀》）的诗句。

　　假使懂得把星看成各种形象，诸如人物、动物、用具等等，兴趣就更大了。自古以来，多少跟大自然打交道的牧人、农民、渔夫和战士，都分享了各自的一份乐趣；是他们的想象，把星象和种种神话传说联系了起来。

　　如果能再进一步知道一些有关星的科学知识，你就会兴起探索宇宙秘密的雄心，那就不只是欣赏了，而是科学研究。

　　星空向我们显示季节的交替。看某些星在哪个位置上，什么时间升起来落下去，就可以分辨季节，比什么都可靠，这该多有趣！每逢夜晚，我们不论在陆上，在空中，在水上，星会告诉我们时间和方向。在许多情况下，这是很有实用价值的。

　　看星，在星空中漫游，兴趣是无穷无尽的，但是很少人去做。为什么呢？其中有个重要的原因就是许多人以为认星是很困难的。

　　其实认星并不困难，不需要用多少数学知识去进行计算。计算是天文

1

学家的事情，我们只需到户外去看就是。当然，如果能在室内先做一番准备工作，不但效果好，兴趣也会更大。

怎样看星

在晴朗无月的夜里，没有练习过看星的人，只见繁星满天，好像是些杂乱的小光点。但是仔细多看些时候，就会发现有些星能够搭成四边形、斗形或三角形等等。这些星不论上升或下降，不论哪一年看，总是搭成四边形、斗形或三角形，只是有时候直竖、有时候横倒罢了。古人根据自己的想象，把星连成种种更复杂的形象，又按形象分了区，并且一一给它们命了名，这就有了"星座"。

星象四季不同

星座就是星区，划为星区为的是便于辨认和找寻。同一个星座里，各个星的相对位置虽然是固定的，但是四季出现的星象并不相同。农村的夏夜，在院子里乘凉，大家爱指认的牛郎星和织女星，但是在1月的晚上我们就看不见它们。

现在，我们大家都知道，白天太阳的东升西降，并不是太阳在绕地球转圈，相反，是我们的地球自己在转动。星的东升西降，原因也是一样。但是星的上升和下降每天会提早4分钟，1个月就提早2个小时的升降。因此同一颗星，在月初夜9点钟看见它在天上某一位置，在月末晚7点钟就已经在那里了。这样就形成星象四季不同，每季换上一批星。每夜出现很多星座，我们就有许多星可以看了。

地球四周都有星。由于我们的地球是球形的，地平线的弧线挡住了我们的视线，使我们看不见另一面的星，所以北半球的星象和南半球的星象是不完全相同的。比如，新西兰人就看不见北斗星。严格说起来，地球上各个纬度上所见的星象都有不同。在北半球，纬度越高（越近北极）的地方，北方的星越高出地平线而靠近看星的人的头顶；纬度越低（越近赤道），北方的星就升不高，而南方的星却可以多看到一些了。

这些是对星象进行研究的基础知识。那么，是不是有了这些基础知识，我们就可以对它们进行科学研究了呢？不是的，对星象进行科学研究还需要一样工具，那就是星图。

看星要用星图

我们在地球上旅行要使用地图，在星空中漫游就得依靠星图。这个道理是不用解释的。下面是8张半圆形的星图，它们就是春、夏、秋、冬4季的夜晚的星空图，每个季节2张：一张是面向北的时候看到的星空，另一张是面向南的时候看到的星空。面朝北的时候，就用底边地平线正中写着"北"字的那张星图，这时候左边是西，右边是东。图正中最高的那点就是头顶的天空，叫天顶。反过来说，面朝南的时候，就用底边正中写着"南"字的那张星图，这时候左边是东，右边是西。这两张图从东、西两点和天顶合并起来，就是地平线上的整个星空。星图上亮的星大，暗的星小，星星之间的细线是假想的，名字是星座名称。穿越星空颜色略淡的地方，是银河的大概轮廓。

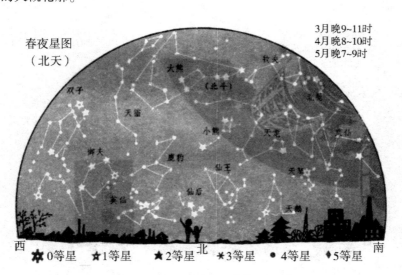

3月晚9~11时
4月晚8~10时
5月晚7~9时

春夜星图
（北天）

西　北　南

✿0等星　✦1等星　★2等星　✳3等星　•4等星　◆5等星

春夜星图（北天）

3

春夜星图
（南天）

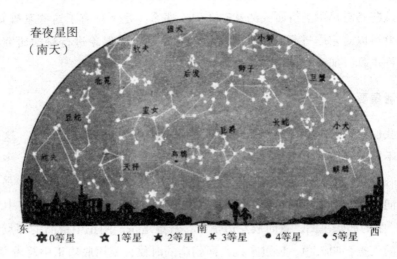

✵0等星　☆1等星　★2等星　✶3等星　•4等星　◆5等星

春夜星图（南天）

夏夜星图
（北天）

6月晚9~11时
7月晚8~10时
8月晚7~9时

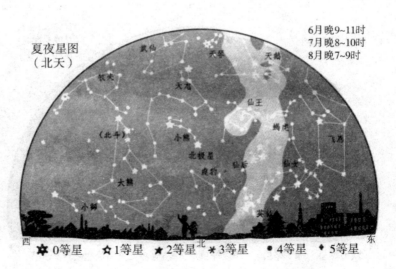

✵0等星　☆1等星　★2等星　✶3等星　•4等星　◆5等星

夏夜星图（北天）

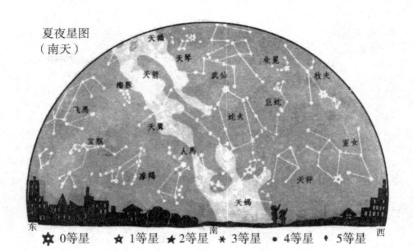

夏夜星图（南天）

☼ 0等星　★ 1等星　★ 2等星　★ 3等星　• 4等星　• 5等星

夏夜星图（南天）

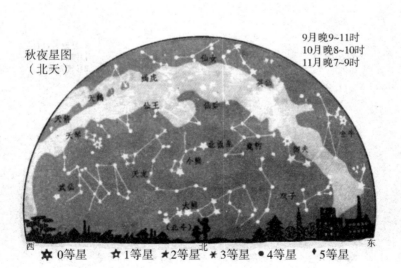

9月晚9~11时
10月晚8~10时
11月晚7~9时

☼ 0等星　★ 1等星　★ 2等星　★ 3等星　• 4等星　• 5等星

秋夜星图（北天）

秋夜星图
（南天）

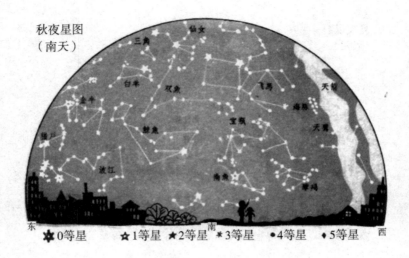

东　　　　　　　　　　　　　南　　　　　　　　　　　　　西

✳0等星　　　★1等星　　　★2等星　　　★3等星　　　•4等星　　　•5等星

秋夜星图（南天）

冬夜星图
（北天）

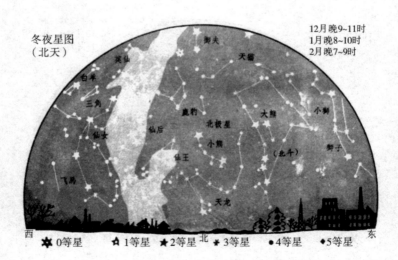

12月晚9~11时
1月晚8~10时
2月晚7~9时

西　　　　　　　　　　　　　北　　　　　　　　　　　　　东

✳0等星　　　★1等星　　　★2等星　　　★3等星　　　•4等星　　　•5等星

冬夜星图（北天）

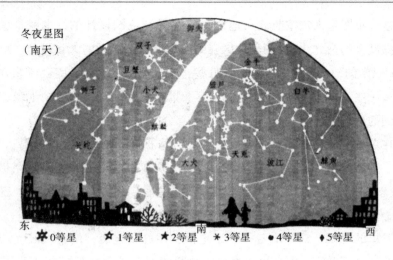

冬夜星图（南天）

四季星空图是在下列的月份和时间中看到的星空：

春夜星图：

3 月晚 9 ~11 时

4 月晚 8 ~10 时

5 月晚 7 ~9 时

夏夜星图：

6 月晚 9 ~11 时

7 月晚 8 ~10 时

8 月晚 7 ~9 时

秋夜星图：

9 月晚 9 ~11 时

10 晚 8 ~10 时

11 晚 7 ~9 时

冬夜星图：

12 晚 9 ~11 时

1 月晚 8 ~10 时

2 月晚 7 ~9 时

这些星图是大致按照北京地区看到的星空范围设计的，也就是说，在地理纬度大约为北纬40°附近地区看到的星空和图上画的大致相仿。对于北纬40°以南的地区，会看到北极星低些，南方地平线上的星座会比北方看到的要多一些。在比北纬40°更北的地区，北极星高一些，南方地平线上的星座看到的比较少一些，因为最靠南的一部分沉没在地平线下。

在白羊、双鱼、金牛、双子、巨蟹、狮子、室女、天秤、天蝎、人马、摩羯、宝瓶这12黄道星座里，可以看到个别在星图上没有画出的亮星，那多半就是行星，是太阳系里的成员。肉眼能看到的行星只有5颗，就是水星、金星、火星、木星和土星，它们在星座之间来往移动。

看星的时候，最好准备一只手电筒，用红布包裹，使它发红光。在这样暗的红光下看完星图，再去找星，眼睛就不会受干扰；如果电筒是白光，那么看了星图以后再看星，就会一时看不清楚。

怎样辨认星象

辨认星座的时候，应该根据星图和说明，先找这个星座里的最亮的星（叫"主星"）。例如夏季星空中的牛郎、织女等，它们都是头等大星，牛郎是天鹰座的主星，织女是天琴座的主星。随后，把这种大星看做指引的"路牌"，再根据星图中各星的相对位置看全整个星座。

由某个已经认识的星座或者一个显明形象如三角形、斗形等，引一根直线或孤线到多远的地方，就可以碰到另一个星座或它的主星，因而扩大到认识全座，这也是看星常用的方法。例如，夏季从轻扁担（牛郎三星）引出一直线，向西北延长约6倍多，就可以找到织女星。又如找北极星，也是用类似的方法。

辨认星必须通过自己的辛勤劳动，尤其在开始的时候。我们找到了某一星座，第二夜必须复习，不然就容易忘却。在有人指导和集体看星的时候，必须防止专依赖他人指点的偏向。指导的人只能把星座的主星（最亮的星）或显明形象指给大家看，其他较暗的星，应该由看星的人自己把已经认识的主星和显明形象做基础，根据星图搜寻，隔夜再温习巩固。

集体看星的时候，指导的人可用硬纸做个喇叭形的筒，固定在支架上，把准备指给大家看的一小部分天空围起来，让初学看星的人从小的一头望出去，就容易找到要看的星象了。人多的时候，可多做几个纸筒应用。备一只手电筒当作"教鞭"，也可以随意指出某颗特定的星或某些形象。

夏季主要星象

夏季是一年中最好的看星季节，许多会看星的人都是从夏季开始的。人们常常指着夏夜出现的繁星，说星星也跟人一样出来乘凉了。的确，夏夜晚上的天顶附近是星星出现的密集区，银河也是在夏夜的晚上最明亮，有关星象的神话故事也是夏夜最丰富。下面，我们就为广大青少年朋友讲一讲如何来观察夏夜的主要星象。

天蝎座

我国古代 28 宿中，天蝎的钳子是房宿，心是心宿，尾是尾宿：房、心、尾三宿刚好合成一个天蝎座。天蝎座我国古代所说的心宿二，西洋古代也把它看做一颗心——一只大蝎子的心，是天蝎座的主星。

天蝎座是整个夏季雄踞在南天夜空的大星座。它拥有 1 等大星 1 颗，2 等星 3 颗，3 等星 10 颗，双星 1 对，所以轮廓明显，引人注目。

蝎子是一种节肢动物，个儿不大，一般长约 6 厘米。它的头部有 1 对触肢，样子像是蟹螯，但是这并不毒，毒的是它的尾钩。有些特别毒的蝎子，人被它的尾钩蜇了有致命的危险。

据希腊神话，这只天蝎是神后希拉差来刺死大猎人奥赖翁的（奥赖翁即猎户座）。天蝎和大猎人后来都上了天，各自成了星座。但是它们结下了深仇大恨，永

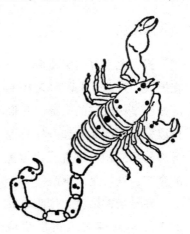

天蝎座的形象

不相见，天蝎座夏夜出现，猎户座冬夜出现。

像这样永不相见的星座的故事，我国古代也有。《左传》里有这样的故事：从前有一个王叫高辛氏，他有两个儿子，大的叫阏伯，小的叫实沈。弟兄俩很不和睦，天天动干戈打仗。高辛氏没有办法，只得把阏伯调去商丘，那儿是归商星（就是心宿）主管的；把实沈调去大夏，那儿是归参星（就是参宿，即猎户座）主管的。现在形容意见不合，叫做"意见参商"；又形容不易相见，如"人生不相见，动如参与商"（杜甫诗），就是根据这个故事和参商二星此起彼落的现象而来的。

位在心宿三星的南方不远（中间隔着1颗星），有2颗星靠得很近，因为闪烁不定，很像在转动。我国农村说它是水车星，或者称为踏车星。传说是姑嫂两人在天河边车水灌田。

从水车星以下，全部蝎尾都浸在天河里。

天蝎尾钩右边并列的2颗星，西洋民间叫做猫儿眼，我国民间叫做龙眼。整个天蝎座倒过来看，就成了龙船星，2颗星成了龙船头，心宿三星和天蝎的2个钳子都成了龙船尾。

天蝎座的西面有天秤座。西洋古星图上就有个天秤座；天秤主要4星（就是秤顶3颗星加右戥盘1颗星）并入天蝎，使天蝎的"钳"长得更大了。这4颗星也可以看成斗形。

天鹰座

银河上空有一头雄鹰，正在振翼向东北飞去。轻扁担的河鼓3星构成它的头部，我们可以根据头部3星和身体其他各部分星的相对位置，找出鹰的全貌，这就是天鹰座。

在希腊神话里，这头雄壮的大鹰是众神之王宙斯变成的。它飞到人间，驮回了一个

天鹰座形象

名叫甘尼美德的美少年，充当"宝瓶侍者"。

神国奥林匹斯山上的诸神，不论大小，都各有职司。每天工作完毕以后，神王宙斯就要大张筵席，招待众神欢宴畅饮。在席间，手执宝瓶，往来给众神添酒或倒水洗手的，本来是公主兼青春女神希比。这是古希腊风俗，宝瓶侍者照例由主人的未嫁的女儿担任。

后来，立下了十二大功的大英雄武仙赫丘利上天来了，宙斯把公主希比嫁给他，宝瓶侍者的空缺就由人间美少年甘尼美德顶替了。甘尼美德自己也有一个星座，就是秋季出现的宝瓶座。

主星河鼓二，就是轻扁担中间的一颗星，也是下节里要讲的牛郎星。它的亮度是 0.8 等，离我们 16 光年，是近星之一；直径比太阳略大，是太阳的 1.6 倍。

牛郎织女

谁不知道牛郎织女的神话故事呢？谁不想在夏季的夜空中见见他们呢？从 3000 年前我们祖国的诗集《诗经》起，历代诗歌中都有关于他们的诗句。只要你在夏季的天空中找出 2 根扁担，就可以见到牛郎，他就是轻扁担中间的那颗大星（河鼓二星）。大星两边的 2 颗小星，传说是牛郎织女生的两个孩子，当织女被王母娘娘逼到河西的时候，牛郎一担挑起两个孩子在后面追赶。

牛郎又叫牵牛。由牛郎三星的南边一颗星起，通过中间大星，画一条直线，延长约 6 倍多些，就可以碰到一颗青白色的大星，它很美丽，越看越逗人喜爱，那就是织女星，她孤零零地在天河西岸。在织女大星右下方，有 4 颗小星搭成平行四边形，据说，这是她的织机，用它可以织成天上的云霞。

牛郎织女之间，横着一条滔滔的天河，硬生生地把这对夫妻拆散了。

神话世界里的牛郎和织女每逢夏历七月初七，就要跨过由喜鹊搭的桥，渡河相会。恒星世界里的牛郎星和织女星是没法相会的。它们之间相隔遥远，即使用光速来通信，也得花 32 年（两星相距 16 光年）。

织女星的亮度是 0.04 等，离我们地球 27 光年，是最早被测定距离的 3

颗恒星之一。

梭子离牛郎三星东北不远处，有 4 颗小星搭成菱形，形状像梭子，我国民间就叫"梭子星"。这梭子显然是织女的织布用具，怎么会到河的东岸去的呢？故事中说是织女丢过去的。这在现代国际通用的星座名称中，叫做海豚座。

牛宿牛郎所牵的老牛，在故事中传说是条仙牛，牛郎娶织女的时候，它帮了很多忙，星空中也有它的地位，是在摩羯座里。摩羯座是秋季星座，现在它正从东南角的地平线上升。夏季星图把它画在夏季星图南天部分的东南角，我国叫做牛宿。顶上的一颗是双星，肉眼可以看得很清楚，但实际是颗六合星。这头牛只有两足角（双星），身体还有点影子，脚和尾巴足全没有了。

武仙座

武仙座是纪念希腊神话中的盖世大英雄赫丘利的。他一生的事迹惊天动地，人们特别称道的是他征服妖魔鬼怪立下了十二件大功。被他杀死的怪物，好些也位列在天界众星间等。他参加亚尔果远征队去南方夺取金羊毛的事迹闻传民间。

赫丘利一生事迹虽然轰轰烈烈，但是纪念他的武仙座却没有一颗大星做标志，全体都是些 3~4 等小星，找起来不大容易。

参考夏季星图，顺着北斗柄所构成的弧线延长出去，在西方天空会碰到一颗橙色的 1 等大星，它是牧夫座的主星大角。由大角向织女，画一直线，途中会碰到 2 个星座：①成半环形的北冕座；②武仙座，它比北冕座更靠近织女。

武仙的头成长方形，包含 3 等星和 4 等星各 2 颗，是本座的显明标志，其余的形象就可以根据星图辨认了。

赫丘利是众神之王宙斯和人间凡女阿尔克美妮的儿子，赋有神武的勇力。他犯下了杀死自己族人的罪，国王龙里秀斯判决要他立十二大功来赎罪。

赫丘利遵照命令立下的第一件大功，是扼死了尼米亚山谷中的一头铜筋铁骨的猛狮。春季夜空的狮子座就是这第一功的辉煌记录。

第二件大功是斩杀亚各斯大泽中的九头大蛇。那条蛇也可以在春季夜空中见到，就是长蛇座。

余下的功劳也都是极难做到的事，例如生擒危害人畜的大野猪，捉拿金角铜腿的奇鹿，驱除喜吃人肉的怪鸟等等。他还远征西方，设法取到了金苹果，这金苹果是神后希拉交给夜神的四个女儿的，长在西方夜花园里，树下有一条昼夜不眠的百头巨龙把守着。这头巨龙现在也在天界。

初夏的 6 月夜八九点钟，南方的读者可以看到在南方天空里的整个半人马座。珠江流域的读者可以看到半人马前蹄上的 2 颗主星，它们并列像大门：东面的一颗我国专名叫做南门二，是颗 –0.1 等大星；西边的一颗叫做马腹一，稍为暗些，是颗 0.60 等大星。马腹是我国古代给这颗星起的专名，并不是指半人马的肚子。古书《山海经》上说，马腹是个人面虎身，声如婴儿的怪兽。

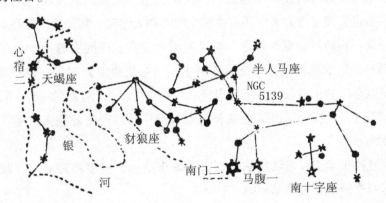

珠江流域在初夏可以看见的南天三星座

南门二是肉眼可以看见的靠近地球的恒星之一，离我们 4.3 光年。它是颗三合星，其中 2 颗比较大，第三颗最小，这就是我们前面提到过的"比邻星"，离我们 4.22 光年，是现在已知的最近恒星，但是它的亮度只有 11 等，肉眼看不见。马腹一比较远，离我们 490 光年。

在南门二和马腹一之西不远，有 1 个小星座，拥有 4 颗明亮的主星，作十字形，叫做南十字座。只有在珠江流域的人可以欣赏南十字和南门、马腹的庄严和美丽。它们都在银河界内，近十字架处的银河是极明亮而浓密的部分。十字架左下角的银河里，出现一块全黑的天空，航海的水手叫它做"煤袋"，跟北十字架（即天鹅座）里的"煤袋"一样。

南十字座是南半球的显著星座，南半球的国家澳大利亚联邦和新西兰都把这个星座画在自己的国旗上。

秋季主要星象

秋夜的星象另有一番景色。抬头看一下北天和南天的星象，立刻见到了"北斗阑干南斗斜"的景色。"阑干"是纵横的意思，北斗横陈在北方偏西的地平线上，纬度比较靠南的地方只能见到斗柄三星了。南斗斜挂在天空的西南角。银河从夏季由西北往东南的走向，逐步改成现在由东北往西南走，横过天顶。西方天空还有牛郎、织女和天津四3颗大星，但是南方天空已经见不到灿烂的夏季众星，只见一派小光点，中间夹着一个上升很迟的"孤独者"北落师门，那是南鱼座主星。东北角上新起了一白一红的2颗大星五车二和毕宿五（冬季御夫座、金牛座主星）。全天空只有6颗1等星，可是无月之夜，天河附近以及南方天空，仍然密集着满天繁星，闹得像一锅沸水。

在夏季里学得了辨认星的本领，秋季正是一显身手的好时节，跟比较暗的星打交道是要有些基础的。

如果你是从秋季开始学看星的，那也不妨，夏季的星座还留在西方的天空里，可以做你的速成补习教材。

秋高气爽，"月到中秋分外明"，看星家不希望有分外明的月，但是对于初学的人，月光可以把扰乱人眼的"杂星"掩去，把搭成星座的主要的星（它们多数在5等以上）留下。

天鹅座

深秋，天鹅从北方南来过冬，但是我们这只"天鹅"从春末夏初就已经在东北方天空出现，整个夏季在银河上空翱翔。现在长颈直指西方，准备飞下地平线去了。

人间的天鹅常在飞翔中发出"哇哇"的叫声，星空的天鹅也在呼唤友人的归来。

按照希腊神话，天鹅是锡格纳斯变的，他是太阳神阿波罗之子菲登的好友。他们的友谊非常亲密，到了形影不离的程度。不幸菲登年幼无知，强驾他父亲的金车，闯下了滔天大祸，几乎把天上神仙的宫殿都烧光，大地也几乎变成焦土。众神之王宙斯用雷电把菲登打死在波江中，才止住了这场灾祸。

天鹅座的形象

锡格纳斯哀痛万分，化作天鹅到处寻找菲登的尸体。但是它不到菲登死处的波江（波江座）上空去找，却飞在银河面上惨苦地叫着："归来吧，朋友！"也许它是从东北角的银河上空一路飞来的吧，它看到菲登驾的金车（御夫座）跌入银河中，车轮向上翻了身，车头沉在银河里，车身却搁在河的东岸上。

御夫座的全体像一辆古希腊的战车，现在正跟着东方天空的银河上升；波江座正从东方和东南方地平线上出现。它们都要到冬季才升得最高。但是秋季（要夜深些）是有关这个故事的 3 个星座可以同时看见的时节。

在西方也把天鹅座看成一个十字架，所以有"北十字"的俗名，跟南十字座遥遥相对。把天鹅座看成十字架，是简化了这个星座，对于初学看星的人是有帮助的。

摩羯座

希腊人认为神是不朽和万能的，但是神也不能逃避灾难。传说，有一天，希腊的奥林匹斯山顶的神国里举行大宴会，众神之王宙斯和神后赫拉坐主位，大小神仙依次排列。宝瓶侍者（宝瓶座）在众神间穿梭似地往来斟酒。正当仙乐飘扬、众神开怀畅饮的时候，突然宙斯的死敌、一身百头、口吐烈火的巨怪，率领妖群丑类，张牙舞爪，四面八方包围袭击奥林匹斯

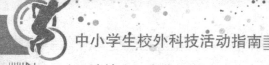

山。诸神疏于防范，事变突然发生，抵御不及，只得纷纷变形——宙斯变成一头牦牛，赫拉变成母牛，太阳神阿波罗变成雄鸡，月神狄雅娜变成猫，诸神各有所变。在众神变的形象中，有2个至今留在天界中：①牧羊神潘恩变成摩羯，是个羊头鱼尾的怪形状，这就是摩羯；②爱神维纳斯和她的儿子丘比特变成的2条鱼，就是双鱼座。摩羯和双鱼都逃入尼罗河中躲过了大难。

摩羯座在人马座之东，全体只有头和尾是2颗3等星，余下都在4等和4等以下。但是这个区域里没有银河，倒也不很难找，只要从织女引出一直线，通过牛郎再延长不到1倍，就落在摩羯尾部的主星上。以后就可根据图推辨，看出它全体有点像一边略凹进去的三角形，也像一只展翅飞翔的巨大蝙蝠。秋季星图上把它画成一只头抵角向东、尾高高竖起的准备战斗的山羊，西洋古星图画成摩羯原形，不过头西尾东，刚好相反。

摩羯尾尖的小星是颗双星，肉眼可以看出。我国古代专名叫做牵牛，是24宿中的牛宿。实际上，这头牛只有这颗双星组成1对角，身体还有些影子，脚根本没有。我国最先把牛宿叫牵牛，后来才把河鼓三星叫做牵牛郎。牛宿是颗双星，

摩羯座的形象

实际上各自又是3颗合在一起的三合星，共有六合星。

双鱼座

双鱼座的星比摩羯座的更小，全体最亮的只有1颗3等星，其余全在4等以下。找它前要先找定飞马·仙女大方框，双鱼中的西鱼就在大方框的南边，略成环形。北鱼实际只有3颗星比较亮些，只能构成一个三角形，不像西鱼那样容易找。它在仙女左臂所成弧形的延长线上。西洋古星图上画成2条鱼被绳系着，中部打了个结，有一颗星代表这个结。这颗星是本座唯一的一颗3等星，它也是颗双星，大的淡绿，小的蓝色。

体积很小而密度很大的恒星范·马南星就在本座，可惜亮度不够让我们肉眼看到。摩羯座和双鱼座都是只包含微光小星的星座，但是摩羯是2000年前的冬至点（现在冬至点在人马座），双鱼是现在的春分点所在，所以是有名的古今天界。

天箭座维纳斯的儿子丘比德是

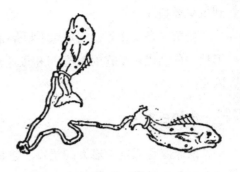

双鱼座的形象

个调皮的胖娃娃，他手拿小弓，身背箭袋，射出一支金箭，就是天箭座，位置在牛郎星和天鹅头之间，现在已经在西方天空了。

冬季主要星象

冬季很冷，看星不是件容易事。显然，夏秋看星的优越气候条件现在是不存在了。可是，你知道冬季的星象是一年中最灿烂的吗？不说别的，单就四季陆续出现的1等星来说，全天空共有21颗，北半球长江流域可见的有17颗（除南十字2星和马腹一、南门二）。单在冬季的东方和南方两角，就可以同夜出现10颗（包括老人和水委一），其中6颗可以排成巨大的六边形。

在没有月色的冬季晴夜，我们一走出户外。就会感到眼前出现了明亮而巨大的画幅，银河从东南斜向西北，做了这个大画幅的骨架，除了突出的一些大星以外，小星也闹得满天星斗。

真正爱好看星的人，是不能放过冬季的。

白羊座

我国古代人民把白羊座叫做娄宿，很重视它的3颗主要星，显然都为古春分点在这里的缘故。它位置在双鱼座的北鱼和鲸鱼尾环之间，也可以由飞马、仙女大方框的北面2颗2等星引出一直线，向东延长约1.5倍，就碰到主星娄宿三。

娄宿三是 2.2 等，三角座主星是 3.5 等，都是看魔星大陵五变光的辅助工具，分别代表了它的最亮期和最暗期的亮度。三角座的位置在娄宿三星以北。

南船三座

南船座是天空中最大的星座。它的位置全部在南方，珠江流域才能看到全座，但是只有船的一半，船后身和舵都没有。全座拥有肉眼可见星 825 颗，我们在一段时间内同时可见的星只有 3000 多颗，南船几乎占了 3/10。18 世纪的时候，天文学家嫌它太大，把它细分成 4 座，现在又改成 3 座，就是船尾座、船帆座和船底座。南船座的名称已经不用了。

船底座主星专名老人星，是只次于天狼星的全天空第二亮星，负 0.72 等。天狼星虽然比老人星还亮，但是比老人星离我们近得多：天狼星离我们只有 8.8 光年，老人星离我们约 98 光年。天文学家测定老人星的实际发光能力比太阳强 5200 倍。它名义上虽是个"南极老人"，实际上是个充满青春活力的"小伙子"。

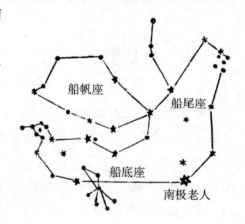

南船三座

老人星在我国也是一颗著名的星。南极仙翁、老寿星、南极老人，都是指它。纬度较高的地区，不易见到。北京同纬度地带已经看不见，长江流域可以在冬末春初的二三月间晚上八九点钟前后，看到它在南方地平线上，但是每夜出现时间不长就沉落了。

老人星在西方的专名叫凯诺帕士，是"亚尔果"号大船的领航员，这颗星是纪念他的。

双子座

众神之王宙斯有一对双生子，后来都成了大英雄：一个叫卡斯托，他精于骑术；一个叫普勒克斯，他的拳术无敌于天下。弟兄俩十分友爱，西洋古星图上画他俩靠得很拢。

双子座在黄道上，紧接着金牛座，是黄道第三宫。双子座的 2 颗主星，第一星是卡斯托（我国专名北河二），第二星是普勒克斯（我国专名北河三）。这是日耳曼天文学家拜耳在 17 世纪初定下来的，那时候北河二跟北河三差不多亮，但是在 400 年之后的现在看来，弟弟北河三仍是 1 等大星，哥哥的光却暗成了 2 等星。天文学家猜测北河二或许是周期长到几百年的变星。

双子座的形象

北河二离我们 43 光年，是颗双星，用小望远镜就可以分辨出来。但是用仪器观测可以分析出是 3 对双星共 6 颗星的集合体。北河三离我们 35 光年，也是 6 颗星的集合体。

卡斯托（兄）脚尖三星尽头处，有一个疏散星团，编号 M35，恰在黄道略北。无月晴夜肉眼也可以看到，仿佛一个模糊的光斑。在比较大的望远镜中看来，星团两旁有南北向 2 路小星，像 2 列纵队，保护这个星团似的，很好看。它离我们 2800 光年。

卡斯托（兄）的肩头一星附近，每年 12 月上半月有一个流星雨出现，12 月 11 日最多。流星群中出现日期最可靠和出现数量比较多的有 3 群，依次是英仙雨、猎户雨和双子雨。

猎户座

猎户座雄视冬季星空，成了古往今来看星家最注目的壮丽星座，我国古代叫做参宿。在它附近不很大的一片天空里，集中了和猎户有关的 1 等大星 5 颗，占全部 1 等大星的 1/4，包括全天空最亮的天狼星。猎户本身除了 2 颗 1 等星外，还有 5 颗 2 等星；它的壮丽景象绝不是偶然的。走出向南的门，或者推开向南的窗，眼前就会被这个英勇的巨人耀得雪亮，只见他一手执盾，另一手高举大棒，腰带上挎一口宝刀，摆好姿势，来对抗迎面冲来的一头蛮横的红眼大金牛。

猎户座的形象

大猎人的名字叫做奥赖翁，古希腊行吟诗人荷马把他赞作世界最壮美的男子。他是月神兼狩猎女神狄雅娜的情人；但是狄雅娜的哥哥太阳神阿波罗很不喜欢这个粗犷的猎人。有一天，当阿波罗和狄雅娜同在天空巡视的时候，阿波罗看到海中有人在游泳，只露出一个头在海面，在天空看下来像是海中的黑礁石。阿波罗看出这是奥赖翁，就故意夸奖了一番妹妹的剑法神奇，不愧为狩猎女神，要她发箭射这个海中礁石，作一次表演。狄雅娜上了当，一箭射死了自己的情人。

在另外一个神话传说中，奥赖翁是被神后赫拉差来的大蝎子刺了一下中毒死的。猎户跟天蝎结下了仇恨，所以神后希拉不让天蝎碰见猎户，使他们永远"参商不相见"。

猎户座（参宿）成长方形，对角辉耀着 2 颗 1 等大星。右肩的橙红星是参宿四，它是超等巨星之一，也是人类用自己的智慧设法量出直径的第一颗恒星。它的平均直径大于太阳 800 倍，太阳和它的火星轨道含在这颗大星里面还有余。它离我们 293 光年。它的身体虽然庞大，平均密度却只有地球大气的 1/1000，也是个虚胖子；发光能力只有太阳的 2800 倍。

左脚巨星参宿七，光度比太阳强 23000 倍，是全天空 21 颗 1 等星中实际光辉最强的星。你看它发出青白色的光，就知道它的热度有多高。它离我们 800 光年，直径只有参宿四的 1/10 不到。

猎户的宝刀里藏有一个宇宙秘密。这口宝刀我国古代叫做"伐"或"罚"。在腰带以下有 3 颗小星，中间这颗细看起来不像一颗普通看到的星。用大望远镜拍下来的照片上，我们才看出它原来是个星云，形状像云雾。猎户座星云，编号 M42，离我们 1500 光年，最亮处直径约 6 光年。它在银河系范围里面。这个星云密度很小。偌大一个星云，总质量不过相当于几十颗恒星罢了。

在出现期最可靠和出现数量比较多的 3 群流星雨中，猎户雨仅次于英仙雨。每年 10 月 9～29 日它的出现期，最盛期是 10 月 19 日的夜里。辐射点在猎户高举起的手和棒相接处。

金牛座

夏季的时候，以人马座为主的星团都太远，或者是一小点光斑，或者得用小望远镜来仔细看。冬季展出的星团都很近，毕星团、昴星团更是清清楚楚，肉眼可以鉴赏，用小望远镜看更好。只有积尸星团仍是一团白气，但是用小望远镜可以分辨出几十颗星来。这 3 个星团都是疏散星团。

而毕、昴二星团都在金牛座里，毕组成牛面，昴构成两根牛角之一。这只金牛在希腊神话里，有的说是众神之王宙斯变的，为了把腓尼基国公主欧罗巴驮到现在的欧洲大陆，欧洲的名字就是根据她的名字取的；另一种说它是提秀斯斩杀的牛头人身怪物。

金牛座的主星是牛眼橘色大星毕宿五，0.86 等，距离我们 68 光年，光度比太阳强 120 倍，直径大 45 倍。

昴宿和毕宿之间是黄道，是日月五行星的必经之路。金牛座是黄道第二宫。

毕星团是离我们最近的星团，因为近，所以看来更散开，成拉丁字母

昴宿

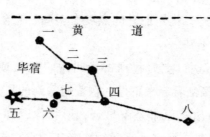

毕宿和昴宿的位置

的 V 形。它离我们只有 120 光年，由大约 100 颗星组成，正在向一个共同的方向移动。毕宿五并不属于这个星团，它离我们近得多，因为透视关系，看起来就好像也是这个星团的成员。

毕星团的全体形状再加上牛身中部一星，我国古代看成捕兔子的网，"毕"字的古义就是捕兔子的网。牛身中部（毕的柄）的这颗星我国古代专名毕宿八，是颗食变双星，周期是 3 天 22 时 52 分；星等变化不大，只从 3.4 等退到 4.2 等，又回复原状。

昴星团是肉眼能见的疏散星团，自古以来一直引人注意；我国 3000 年前古诗集《诗经》中有一句"嘒彼小星，唯参与昴"，把昴跟大星座参宿（即猎户座）相提并论。昴星团在我国的俗名是"七簇星"，在西洋的俗名是"七姊妹星团"。晴夜可以看见一簇小星聚在一起，闪烁得很厉害；都是些四五等以下的小星，只有 1 颗是 3 等。它有主要星 9 颗。按希腊神话，这九星刚好是肩天巨人亚特拉斯夫妇和七个女儿。至于另一个传说中的七姐妹，是月神兼狩猎女神狄雅娜的侍女，由于猎人奥赖翁追逐她们，宙斯让她们化成七只鸽子逃去。

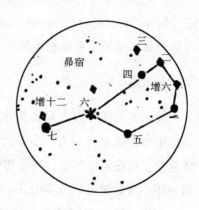

昴星团

普通眼力比较好的人，加上晴夜无月，也可以从这个星团里看到七八颗小星，七姊妹的母亲恰好在她丈夫亚特拉斯（昴宿七）旁边。一般却只能看到 6 颗，但是中国和西洋都传说它本有 7 颗星，后来失去 1 颗。这个传说是很广泛的，中国和欧洲以外，非洲、美洲、澳洲、南洋群岛等处的各民族中，都有相似的传说。古希腊传说，七姐妹升天后，有一个姐妹爱上了尘世凡人，勇敢地奔往人间。有人说，她是赛丽诺，就是昴口增六，现在是颗七等星。

用大望远镜拍下的照片，显出这个区域有 2000 多颗星，但是只有约 500 颗星证明确实属于昴星团的成员，其余的星都是离它们更远或较近的，只是看来像在一处罢了。昴星团在星云包围中，它离我们 410 光年，是只次于"毕"的最近星团。

春季主要星象

"参横斗转，狮子怒吼，银河回家，双角东守"，这就是春天的星象。现在，参宿（猎户座）横于西天略为偏南，北斗由东北角逐渐转了上来。古人把"参横斗转"来形容更深夜静，其实那是在每年秋末（11 月）的情形，到了春天，不是后半夜而是前半夜就有这样的星象。这时候西天还照耀着灿烂的残冬余晖，至少还有 6 颗 1 等以上大星在互争短长。北天也是些我们已经熟识的星象。东天和南天是完全新的。其中狮子座独霸南天，正作出得意怒吼的姿态。牧夫座的 0 等橘色巨星大角，和室女座的一等蓝色大星角宿一各据东天一角。夏之女王织女正在东北角露出她的秀丽光芒。

银河"回家"去了，现在的夜空中看不见它的一点踪影。

春天的来临，对于看星的人说来，跟所有希望着大地春回的人们一样，也是件喜事。我们将在春季结束四季星象的辨认，还要从后发座的星系团，悟到无限宇宙的构造，在对宇宙的认识上作出结论。

北 斗

我们在夏季可以看见北斗，现在春季还值得好好一看。北斗已经从北方地平线上升，高悬在北天的高空中，跟夏季相比，它又另成一番姿态。

在靠近北极星的几个星座中，北斗的斗形和仙后座的 W（或 M）形两个形象最显明。它们俩恰好隔着北极星遥遥相对，并且好像是把北极星做支点：北斗东北升，仙后西北降；北斗西北下，仙后东北上。

北斗不但是北天最受注目的星象之一，而且是个十分重要的标志。俗语说："满天星斗"，简直把斗代表所有的星了。我国古天文学家对北斗的重要性，认识得最透彻。汉朝的司马迁在他的伟大著作《史记》"天官书"中论北斗说："斗为帝车，运于中央，临制四乡；分阴阳，建四时，均五行，移节度，定诸纪，皆系于斗。"他把北斗看成了全天日月、五行星、星辰和四时运行的总指挥。

北斗是这样重要的北方星象，我国古来除把这 7 颗星每颗都给了专名外，还把这 7 颗星分成 2 部分，又各给专名：斗身四星叫"魁"，斗柄三星叫"杓"。魁是我国古代传说中的"文曲星"，是个主管文学的神。

顺着杓的弯曲形势延伸出去，可以画成一条大弧线（参看春季星图的北天部分），沿途经过牧夫座主星大角，直达室女座主星角宿一。此外夏季的南斗对角二星连一直线，延长可达杓上的玉衡；北斗魁的天权、天玑二星各出一直线，通过天枢、天璇二星旁边，延长出去就落在猎户（参宿）的两肩上。这个星象形势，我国很早就有人注意到了，在司马迁的"天官书"上就有记载。

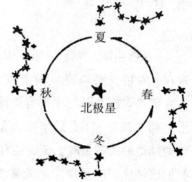

北斗的"杓"一年四季指 4 个方向（用的时候面朝北）

斗柄所指的方向四季不同，刚好一季指一个方向，司马迁说北斗"建四时"，就是这个意思。古书《鹖冠子》的"环流"篇里更说得具体："斗柄东指，天下皆春；斗柄南指，天下皆夏；斗柄西指，天下皆秋；斗柄北指，天下皆冬。"

北斗这种稳定的运动规律，启发人们深刻思考。我们看见了地球在作自转和公转的运动，那运动是这样的坚定，多少年来始终不倦怠，并且以后还将长久地运行下去。所以我国古书《易经》里就有"天行健，君子自强不息"的话。

北斗中最惹人注目的就是北极星。在北半球，全天星象以北极星做中心，各星座看来，都绕着它运行。所谓北极是指天球北极，也就是地球运转轴北端所指的天球上的一点，这一点上恰好有颗星，即北极星。运转轴和极都不动，所以我们看北极星也不动。我们由北斗的天璇、天枢两颗指极星所引伸的直线认识了北极星之后，就可以利用它的不动而辨别方向了。

上面说的北极星"不动"，是因为它很靠近现在的极点上，所以看来它夜夜被众星所拱，就是众星都绕着它打圈。但是极点是要很缓慢地移动的，因此现在的北极星只能维持一个相当时期（这个时期当然很长），以后极点就要离开它。这现象叫做"岁差"。

大熊座和小熊座

在现代的国际通用星座中，北斗七星包含在一个庞大的星座里，那就是大熊座；而北极星包含在小熊座中，算是小熊的尾巴尖。

大小熊是母子关系。月神兼狩猎女神狄雅娜的侍女中，有美丽的加莉斯多，她被众神之王宙斯所爱，生下了儿子亚尔卡斯（希腊语的意思是熊）。神后希拉怪罪加莉斯多，就把她变成了熊。

英勇的少年亚尔卡斯长大了。一天，他在林中狩猎，给加莉斯多看见了。她忘了自己已是熊身，张手前去，想拥抱亲爱的孩子。亚尔卡斯却举起了标枪。这时候，宙斯在天上看见了，就把母子摄引上天，成了大熊座、小熊座。希拉看到这对熊给弄上了天，很不高兴，就恳求养父海神纳斯的帮助。海神命令禁止大小熊下海喝水。于是母子俩只好永远绕着北极，不能下到海里（地平线以下）去，彷徨没有归宿。从希腊的地理纬度上看是这样的。

熊只有很短的尾巴，但是西洋古星图上把两只熊的尾巴都画成很长，使大熊变得像条狗，长尾巴就是北斗柄；小熊变得像一头狐狸，尾尖是北极星。但是本书所附星图上的大熊形象却把北斗做了大熊的头部。

小熊的形状实际是一柄小斗，星图上就保存着这个自然形状，这个星座实在也不容易另搭成熊象。

大熊座虽然全年在地平线以上，但是要看全座，最好是在春季，这时候它悬在北天高空中。

牧夫座和猎犬座

牧夫和两只猎犬，守卫在大熊旁边。牧夫大敌当前，却很悠闲地坐着抽烟，烟气直冲大熊鼻孔，或许会使它打喷嚏呢。

大角是牧夫座主星，是一颗 – 0.06 等的橘红色大星，正在由斗柄弯指角宿一（室女座主星）的途中，成了整个大弧线上的一点。这颗星西洋专名叫做"亚克多罗斯"，意思是"熊的卫护者"。原来也有一个传说，把它看做是加莉斯多的儿子，在卫护他的母亲。大角离我们 36 光年，直径比太阳大 27～30 倍。它在初升或即将下降的时候颜色特别红。

猎犬座只有 2 颗主要星，亮度分别是 3 等和 4 等，就在大熊的咽喉下面，我国古代专名常陈一和常陈四。要找它，可以由斗魁的天枢引出一直线，通过天玑延长约 2 倍，就可找到。

在大角和猎犬座主星常陈一中间，无月晴夜可用肉眼看到一个球状星团，编号 M3，离我们约 4 万光年。用小望远镜看起来成圆形的一块白云，中心比较亮。

有一个著名的河外星系 M51，在猎犬座北面，接近斗柄端摇光星处，离我们 1400 多万光年，是离我们较近的河外星系之一。它成漩涡状，和仙女座星系一样，涡外还有一个伴系。这个形状显示它是在旋转的，并再次证明：宇宙万物无不在运动。

❦ 玩转力学魔方 ❦

＼ 浮　力

液体和气体对浸在其中的物体有竖直向上的托力，物理学中把这个托力叫做浮力。浮力的方向竖直向上。

漂浮于流体表面或浸没于流体之中的物体，受到各方向流体静压力的向上合力。其大小等于被物体排开流体的重力。在液体内，不同深度处的压强不同。物体上、下面浸没在液体中的深度不同，物体下部受到液体向上的压强较大，压力也较大，可以证明，浮力等于物体所受液体向上、向下的压力之差。

气泡运动

取透明玻璃瓶一只装入一些自来水，拿在手上一摇晃，产生的气泡纷纷上浮。你仔细观察，会发现大气泡上升得快，小气泡上升得慢，有些极小的气泡要过很久才能浮到水面。这是因为气泡越大，它所受到的水的浮力也越大，所以大气泡自然上升得快。

在一段玻璃管中装入水，摇晃使水中产生气泡，你会发现小气泡比大气泡上升得快。这又是什么原因呢？

原来由于管子细小，小气泡上升时反而阻碍了水的流动，水流动慢，大气泡的上升也就变得很难了。

"关"住水泡

找一个废旧热水瓶铝盖（罐头瓶盖也可），在底部中心打一个直径 3～4 毫米的孔。将其放入脸盆的水中，灌满水，然后将瓶盖慢慢垂直提起，提到约 100 毫米高时，从小孔中流出的水柱开始在水中激起水泡。马上把铝盖放低一些，这时奇妙的现象就产生了：刚才被水柱激起的一些水泡被"关"在水中升不上来了，而且还不向周围扩散。

气泡不上来的原因，是水的冲击抵消了水泡的浮力。那么水泡为什么不会被水冲散呢？这是因为水柱冲入水中是有速度的，根据流体速度大、压强就小的道理，周围静水的压强比水柱底下压强大，这就把水泡限制在水柱底下了。

水面绘画

利用水面的浮力可以画出"抽象派"画面。下面我们来做这个实验。本实验需要的材料和工具有：水盆、清水、浓墨汁、毛笔、小木棍、白纸。

制作方法：将水盆盛满清水，平放在桌上，用毛笔蘸浓墨汁滴在水面上，用小木棍将墨滴推开，让墨滴散乱成不规则的乱云形花纹，取一张白纸平放在水面上，再轻轻提出纸张，水面上的花纹画面就会翻印到纸上，晾干印好的纸张，再精心剪裁一下四边，就能出现类似山脉、云层等"抽象"画面。

之所以如此，是因为水面平时总会有一层肉眼看不到的表面油脂，它可以把墨迹托起来，形成水平面印刷版，如果用油漆倒在水面上搅拌还可以在木板上印出假大理石花纹来。

"盒"爆炸

在水杯里放入一个小纸盒（包），会噼噼啪啪炸出很多水花来。下面我们来做一下这个实验。

这个小活动所需材料和工具有：跳跳糖、薄纸、玻璃杯、清水。

制作方法：准备一包"跳跳糖"，用薄纸一小块，在铅笔上卷一个小纸筒，不用浆糊粘，将底边多出的部分向内折叠压紧，把纸筒从铅笔杆上拔下来，做成一个圆筒形无盖有底的小纸盒，把跳跳糖的颗粒倒入纸盒里，将上口收拢捏一下，不必捏得太紧。倒一杯清水，最好用无条纹的平面玻璃杯。将装有跳跳糖的小盆投入水中，用铅笔压一下让它下沉，当水渗透到薄纸包里接触了跳跳糖就会发生"爆炸"，水花四溅还发出噼噼啪啪的小声响，看上去非常有趣。

跳跳糖着水后会有强大的吸水性，在吸水过程中自身迅速分裂，好像跳起来一样，用纸包住它，再让它渗透水分，就控制了吸水过程，加大它的爆发力量，以它的跳动力量再去冲击水，便会产生水花溅起的现象。

潜水人

潜水人是穿了水下防护用具在水下作业的人员，这里制作的小玩具能在我们手的控制下于深水中自由沉浮。

这个小活动所需材料和工具包括：旧的玻璃眼药瓶、及时贴彩纸或不干胶透明胶条、深的直口标本瓶、水。

制作方法：向直口标本瓶中倒入清水，使水面距瓶口约6厘米。取小眼药瓶，用手指堵住下出水口，向瓶内倒满清水，把挤眼药的胶皮帽扣紧，这时药瓶内的水不会从下口流出来。把这个眼药瓶放在标本瓶内，它自然会下沉到底，用手按眼药瓶上的胶皮帽使瓶内的水从下口滴出，水滴出去以后瓶的上部就会出现小的气室，气室越大浮力越大，不断挤出水，不断放在标本瓶里试浮沉，当小瓶内的气室大小，刚刚能使小瓶垂直浮在水平面上，就是调试完成了。

这时如果用手掌按住标本瓶口，用力向下一压，小眼药瓶便会缓缓下沉，再加压力它会直沉到底，如果把手掌稍微松一点力，小眼药瓶又会从水底上升，小瓶在水中上下浮沉很像潜水人在水下工作。试验成功以后，用彩色及时贴纸（即不干胶彩纸）为小眼药瓶美化装饰，使它变成个潜水人形，如果没有及时贴纸，可用白纸包粘画成人形，再用透明胶纸包粘，起到防水作用也可以。做成人形的眼药瓶在水中沉浮，会更好玩更好看些。

在正常环境中，大气的压力是一致的，眼药瓶内的小气室内的空气是

在正常情况下留出的，它的气压和正常环境中气压一样。

把它放在水里它能沉下去，说明瓶中水的重量与气室气体的浮力均等。当用手掌按压大标本瓶口时，大瓶内，水平面上的气室气压产生了变化，将比正常大气压力增高许多，可这时眼药瓶里面小气室还是正常大气压，它便托不住瓶水的重量，就自动沉下去，当减弱大瓶气室的压力时它还会从水底向上升。

针浮在水上

这个小活动需要的材料：一碗水、针、叉子、液体清洁剂。

用一个叉子，小心地把一根针放到水的表面，慢慢地移出叉子，针将会浮在水面上。

为什么会这样呢？原来是水的表面张力支撑住了针，使之不会沉下。表面张力是水分子形成的内聚性的连接。这种内聚性的连接是由于某一部分的分子被吸引到一起，分子间相互挤压，形成一层薄膜。这层薄膜被称作表面张力，它可以强大得托住原本应该沉下的物体。现在向水里滴一滴清洁剂，针就沉下去了。

清洁剂降低了表面张力，使张力层变弱，针就浮不住了。

液体的比重

向瓶中倒入少许油和水，其量相同。用软木塞盖好瓶子，用力猛烈摇晃。

看起来水和油好像混合在一起了，但是，一放下瓶子，二者又分离开来，油不久就会浮在水面上。不管你在摇晃瓶子时用力多猛，你也绝不可能使它们溶合在一起。

试一下将其他一些液体混在一起会产生什么情况。假如它们的颜色相似，则用墨水掺放在中间以便区别。只要小心从事实验，完全有可能使瓶内充满各层颜色不同的液体。装瓶时让重质液体，如甘油，先进入瓶中。

不同的液体有不同的比重，不同比重的液体是很难将其混合在一块儿的。一般说，重的液体总在下面，轻的液体总在上面，上面的实验就证实了这个规律。

铅笔比重计

如果能做一个简易比重计，使你在做实验时能准确区分各种比重的溶液，那该多好！

找一支橡皮头铅笔，把图钉按入橡皮头的正中，浸入水里，在铅笔静止的位置刻一道线，作为水的比重的标记。在这以下的位置，刻上间隔相等的细线，分别标上 0、1、2、3……这样，一支铅笔比重计就做好了。把这支铅笔比重计浸入盐水，这时候刻度会大于 0，盐水越浓，度数越大。

铅笔比重计是利用液体比重越大浮力也就越大的道理制成的。图钉的作用是为了降低铅笔的重心，使它能够垂直地浮在液体中。

简单的虹吸器

这是一个极其简单的实验，但它却具有实际使用价值。在必须从盛有液体的容器中取出液体，特别在有障碍物存在而影响取出液体的情况下，通常可以用得着这一方法。

当你用一根麦秆喝橘子水时，你是在使橘子水克服重力。先吸去麦秆中的所有空气，让外面的空气在橘子水表面往下施加压力，从而帮助橘子水从杯里送到你的嘴里。用一根虹吸管来完成相同的事——吸空一杯水，或者轻而易举地吸空一大桶水。

做虹吸器时，先在一个空杯中装上清水，并将皮管的一头插入杯子中。再将第二个杯子放在皮管的另一头易于到达的低处。在皮管位置较低的一头吸气，吸掉管中的所有空气，管内则充满了水。

从嘴里拿开皮管时要小心，一旦管口离开你的舌头，便用一根手指紧紧地堵住管口，以维持吸力。

将管口放在空瓶中，放开你的手指，这时水便从上面的杯子中往低处的杯中缓缓流去。只要放在高处的管口仍处在水面以下，水就一直往下流。

这个简单的虹吸器是利用虹吸原理制成的。虹吸现象是液态分子间引力与势能差所造成的，即利用水柱压力差，使水上升后再流到低处。由于管口水面承受不同的大气压力，水会由压力大的一边流向压力小的一边，直到两边的大气压力相等，容器内的水面变成相同的高度，水就会停止流动，利用虹吸现象很快就可将容器内的水抽出。

自动小船

剪几只吹塑纸或硬卡纸的小船，在小船尾部再开出一个小缺口，往小船尾部涂上点圆珠笔油，放到脸盆的清水中，小船会自己往前航行。

小船会往前航行，完全是水的表面张力干的。圆珠笔油会使水的表面张力变小，小船前边的水的表面张力便把小船拉了过去，直至圆珠笔油把水的表面张力全破坏了，小船便会停止不前。

再来做一个实验：

把一小段棉线的两头打结，投到盆中的水面上，棉线一定是个不规则的图形。现在拿一根火柴在肥皂上擦几下，再插进棉线圈中，你发现了什么？线圈自觉地变成了圆形。

原来肥皂也会破坏水的表面张力，线圈中的水的表面张力被破坏以后。圈外水的表面张力依然存在，从各个方向拉线圈，直至线圈变圆为止。

水柱顶球

给你一根老师上课用的教鞭，请你用它的一端顶着一个不停旋转的乒乓球，那实在是件很困难的事。如果用一束向上喷射的水流代替教鞭，那可就简单多了。

将一个玻璃眼药水瓶套在一根较长的橡皮管的一头，把橡皮管的另一头直接接到自来水龙头上。右手握住眼药水瓶底部和橡皮管，保持滴口竖直向上。打开自来水龙头，水流便从滴口向上喷出。左手捏住乒乓球，小心地放到水流的顶部，轻轻松开手指，乒乓球就像被吸住那样停留在水流顶部，上下微微跳动且不停地旋转着。细小的水滴沿着乒乓球旋转的切线方向不断溅出。你仔细观察一下便可发现，乒乓球并没有被顶在水流的最上端，而是在"开花"的顶端稍下些的一侧。

旋动自来水龙头，改变从滴口喷出的水流速度，你可发现：当流速增大时，乒乓球会随着水流的升高而上升；当流速减小时，乒乓球又会随着水流高度的降低而下降。缓慢地平移滴口，乒乓球还会跟着水流移动呢。

没有自来水的地方，可根据虹吸原理，在高处放一大盆水，先在橡皮管内灌满水，然后把不接眼药水瓶的一头浸入水盆内，同样可获得向上喷射的水柱。如果你是冬天做这个实验，不妨用胶布把眼药水瓶和橡皮管固定在桌脚或椅背上，别让水把自己的衣服都淋湿了。

转动的水罐

这个小活动需要的材料有：锤子，钉子，空罐，流动的水，一段绳子。

用锤子和钉子沿着空罐接近底部处锤出 4 个距离相等的孔。当你从每个钉孔拿出钉子时，每一次都向相同的方向掰一下钉子，使得每个钉孔都朝同一方向。弄弯罐子上边的垂片，使它朝上，并在它的开启处拴一个绳子。现在提起绳子的另一端，把罐移到水池的水龙头下，罐中注满水。现在用绳子提起罐子，当水从罐中的钉孔流出时，它将快速地开始旋转。

对每一个作用力而言，都会产生一个同等的反作用力。在这个实验中，水从罐中流出时是呈角度流出的，由于罐是被绳子提起来的，因此它运动起来的阻力就很小，水流出的力量就足以使它旋转。

在接近罐子底部锤 4 个孔。把钉子朝某一方向掰一个角度，以便水流顺着角度喷出。抬高罐上部的垂片可做一个很好的抬升点。当罐被绳子抬起，从孔中流出的水流开始喷出。

摩擦力

摩擦力是一种常见的物理现象。当你在路面行走时，由于鞋底与地面之间存在摩擦力（静摩擦力），你的脚才不会在地上打滑。相反，当你在雪地、冰面或极光滑的地砖上行走时，由于鞋底与"地面"之间摩擦力太小，一不小心，就会滑倒。这一正一反的两方面经验告诉我们，对于我们走路来说，摩擦力是必不可少的。

不仅是在两个物体间发生相对运动的情况下存在摩擦力，而且，在两个互相接触但未发生相对运动的物体之间也存在摩擦力。你之所以能够站在斜坡上而不滑下来，是由于你的鞋底与坡有足够大的摩擦力。你之所以能够用钉子把两块木板钉在一起，是由于钉子与木板有足够大的摩擦力。实际上，两物体相互挤压，发生形变，有弹力，而且它们有相对运动的趋势，就一定存在摩擦力。

由此我们可以说，阻碍互相接触的两个物体间相对运动的力，就叫摩擦力。

摩擦力

这个小活动需要的材料有：几个橡皮圈，装有东西的鞋盒，3支铅笔。

当我们开始开动汽车时，为使汽车前进，我们把车挡从低挡换到高挡，高挡用于在高速公路上行驶。这说明，开始移动某物所使用的力气要比保持该物移动所使用的力多。

把橡皮圈套在一起，并把它的一端固定在鞋盒里。把盒子放在一个光滑的地面上或桌面上，拉着橡皮圈的另一端。看一看，在盒子开始移动前，橡皮圈被拉长的距离。然后，再注意一下，保持盒子移动橡皮圈被拉长的距离。

为使盒子移动，橡皮圈被拉长的距离要更长些。这是因为静止摩擦力大于移动摩擦力。现在，在盒子的下面放上3支铅笔，再做一次静止实验。这个实验用更小的力就可使盒子移动。滚动轴承可用于减小摩擦力。

把橡皮圈套在一起。用一根小棍或铅笔把橡皮圈固定在鞋盒里。橡皮圈被拉出的长度证明用了多少的力。铅笔像一个轴承，减小了摩擦力。

两个互相作用的物体，当它们发生相对运动或有相对运动趋势时，在两物体的接触面之间会产生阻碍它们相对运动的作用力，这个力叫摩擦力。

竹筷提东西

桌上有一只空玻璃杯、一大碗大米和一根下圆上方的普通竹筷。要求用这根筷子提起满满一杯大米，你能行吗？也许，你认为这挺简单，把米倒入杯中，把竹筷垫在杯底某一直径位置上，再把筷子水平提起，一杯大米不就被提起来了吗？其实，这一办法说起来简单，真的做起来却是挺困难的。即使提起来了，稍一不留神便会"杯砸米撒"，前功尽弃。

有一个既稳妥又方便的方法，你不妨一试。先在杯子里装上半杯米，然后把筷子竖直插在中间（截面呈正方形的一头朝下），用手将杯内的米压紧，再陆续往杯子里加大米，一边加一边压紧，直到杯子里装满大米。要注意的是，在加米和压紧的过程中，应始终保持筷子竖直，切不可让它左右摇动。此时，提起竹筷就可把满满一杯大米拎起来了，提着它走几步，杯子也不会掉下。如果米加满压紧后，再往杯中洒入少许清水，等一会儿再提起竹筷，那就更靠得住了，即使你提着竹筷缓慢地升高、下降，杯子也不会掉下来。

这是由于米粒被压紧后，米粒与米粒之间，米粒与竹筷之间，米粒与玻璃杯壁之间的摩擦力很大，足以与整杯米的重量相平衡。洒点水能使米粒发胀，相互间挤压得更紧，摩擦力增大。当然，水不能倒入太多，否则便适得其反了。

重　力

在生活中，我们无时无刻不能感到重力的存在。一本书放在桌子上不会无缘无故地飞起来，我们站在地球上也不会无缘无故地飞到天上去。这一切都是重力的作用。那么，什么是重力呢？简单点说，重力是万有引力的一个分力，它是垂直向下的一个力。所以，我们站直的时候会觉得很稳当。

除了生活中的这些感受以外，我们还有什么方法证明重力的存在呢？下面，就让我们通过一些小活动，来了解重力吧！

找重心

你听说过关于牛顿的故事吗？他坐在花园里，从树上落下一个苹果，

打着了他的头。于是，这位伟大的科学家很快就发生疑问：太阳、月亮和其他星星依然在头顶上，看不出有向下落的样子，那么，是什么使得苹果往下落呢？牛顿以发现万有引力而闻名于世，他的理论在现代生活的许多方面都证明是有价值的。

设计师和工程师们为了找出他们所设计的产品的重心，必须要计算许多复杂的数学公式。不过，我们实验中用的是小件物品，比如各式各样的纸板，所以找重心就容易得多。

做第一个实验时，要在薄纸板上用圆规画一个圆。剪下这个圆纸板，将针尖钉在圆规留下的圆心上，你会发现纸板相当平稳。

同样，剪一小块正方形纸板，画出正方形的对角线。两条对角线相交之点便是重心。当你将针尖放到这一中心时，你会发现正方形纸板也非常平稳。

但是，要在一个不规则的纸板上找到重心就稍稍麻烦一些。先用一节钉在墙上的线把纸板的一个角悬吊起来，纸板靠墙稳定后，拿一把尺子在纸板上作吊线的延长线。然后，又悬吊纸板的另一角，等纸板稳定后用尺子再作吊线的延长线。两条延长线的相交点则是不规则纸板的重心。将纸板上的这一点放在针尖上，它也会完全平衡起来。

一个物体的各部分都要受到重力的作用。从效果上看，我们可以认为各部分受到的重力作用集中于一点，这一点叫做物体的重心。

物体的重心位置质量均匀分布的物体（均匀物体），重心的位置只跟物体的形状有关。有规则形状的物体，它的重心就在几何重心上，例如，均匀细直棒的中心在棒的中点，均匀球体的重心在球心，均匀圆柱的重心在轴线的中点。不规则物体的重心，可以用悬挂法来确定。不过，不规则的物体，它的重心不一定在物体上。

螺旋和杠杆

这个小活动需要的材料有：一张纸，剪子，铅笔，桌子，两块木板（约跟桌子一样高），彩色笔。

把纸剪成一个斜坡，用一个斜面紧密卷成圈，螺丝钉是一个一圈一圈卷起的斜面。当用杠杆时，只需用很小的力就能抬起桌子。

从一张纸上剪出一个直角三角形来做成一个倾斜面。把笔放在纸的三角形短边位置，朝着三角形的顶尖处，把纸卷在铅笔上。用彩笔沿着剪下的斜边标出记号，这样将会形成一个螺旋形支撑。当你在卷纸时，请保留三角形的底线（或称基本线）。这个倾斜将会沿着铅笔螺旋形上升，形成一个螺丝钉模型。这就说明，螺丝钉事实上是一个倾斜平面。

杠杆是由一个硬棒及这个硬棒的支撑点组成的，这个支撑点叫支点。杠杆得益于从重物点到支点的距离短，而从用力点到支点的距离长。

为了做一个杠杆，把一块木板靠近桌子垂直立起，把另一块木板放在上面。把放在上面的木板的一端放在桌边的下面，按下木板的另一端，这个很重的桌子就很容易被抬起来。

有很多杠杆原理的例子，如启瓶盖的动作，有轮的手推车，锤子等等。

摆体与势能

这个小活动需要的材料有：绳子（大约 80 厘米长），重物（例如铝坠），两把椅子，扫帚，一本书。

用扫帚做支持摆动物的材料。把两把椅子背靠背地放置，中间相隔大约 90 厘米的距离，把扫帚横架在两把椅子背上，使之成为一个支持悬挂物的横杠。

下一步，把绳子的一端紧紧拴在扫帚把的中间部分，使绳子结在横杠的下方。把铝坠拴在绳子的另一端，使铝坠稍稍高出地板，将多余的绳子剪掉。把铝坠拉向一端，并且放开后，这个重物将按照固定的节律来回摆动。重物摆一个来回所花费的时间被称做摆动的周期。

直立一本书，作为起点标志。把一本书直立在地板上，作为重物摆动的一个起点标志，拉过重物，使之靠在书上，然后将其放开，重物将来回摆动。尽管它可以摆到离书很近的地方，但它不会碰到书上。

当一个重物被拉起到一定的位置的时候，重力作用使这个物体具有势能，当重物被放开后，势能就被转换为动能。这就使重物能够沿弧线摆动。

当摆动到最高点时，重物将在最高点停留瞬间，这时，动能又被完全

转化成势能。这种能量的相互转化一直在交替进行着，当摆动物从最高点到最低点时，它的摆动速度从最小变成了最大。如果不存在摩擦力和空气阻力的话，这个摆动现象将永远持续下去。而实际上摆动的铝坠一经从书本上离开就再也不能碰到书本了。

摆动传送能量

这个小活动所需的材料有：两个铝坠，一根绳子（长约 2 米），两把椅子，一把扫帚。

这个实验装置很容易在地板上做好。把绳子绳子上的两个圈作为两个摆动点的连接。从中间剪断，先拿其中的一根绳子，并在它的上面拴两个圈状绳套，使两个绳套距绳子两端 30 厘米。把这根绳子的两端都拴在扫帚把上，使两个绳结相距 60 厘米左右。把剩下的一根绳再从中间剪断，每根绳上拴一个重物。把每个重物分别拴在前一根绳子的两个绳套上。再把整个装置放在两把背靠背的椅子背上。两把椅背相距 90 厘米。

当这个装置都放好了以后，用一只手抓住任把重物拴在绳套上。把扫帚把放在椅子上。当一个摆动物开始摆动时，另一个被固定在圆线上。一个绳套处，以使该侧的重物不能运动。同时，使另一侧重物作弧形摆动，摆动幅度约为 8~10 厘米。这时，把握住绳套的手放开，起初，两边的重物会同时往复摆动，但摆动几次后，其中一个将几乎停止摆动，而另一个在摆动，摆动几次后，摆动的重物会停下，而原来停止的重物开始摆动。这种现象将持续数分钟。

这是因为能量通过绳子交替传递给两侧的重物。

滚球传递能量

这个小活动需要的材料有：约 8 个滚球，2~3 本书（精装，约 2.5 厘米厚）。

用书做成一个斜坡。把书靠在墙上，使书背向下，使书的上部形成可以使滚珠滚动的滚槽。

将末尾的书翘起约 2.5 厘米做成一个斜坡。将各书间连紧。将滚珠并排放在槽中并使它们相互接触。现在把其中一个滚珠拿到用书做成的斜坡上并放手。当这个滚珠碰到那一排滚球时，这一排滚球的头端的一个将滚走。如果从斜坡上滚下2个滚珠，那么前端的2个滚珠滚走，如果是同时滚下3个滚珠，那么前端滚走3个。

为什么会是这样呢？

滚下斜坡的滚珠的能量通过滚珠排传递到最前面的滚珠，并使其滚动，2个滚珠的能量则传给前面的2个滚珠，并使它们滚动。

滚下1个滚珠并使前面1个滚动。

滚下2个滚珠并使前面2个滚动。

自由落体定律

这个小活动需要的材料有：垒球1只（或小橡皮球），高尔夫球1只，同样大小的2张纸，高处的平台（楼上的窗口阳台等）。

垒球和高尔夫球同时落地。

看清下面没有人，同时握住两只球并同时松手，两只球将同时碰到地面，即使高尔夫球要轻一些。重力对各种物体的作用是一样的，无论其形状、大小或重量。

平展的纸受到的空气阻力要大些。

把一张纸揉成小球，并将其与另一张平整的纸一同向下放，纸球的下落要快得多，即便它们的重量是相同的。这是因为空气阻力作用于下落物体。

把一只球水平抛出去而另一只球同时在同等高度上自由下落，两只球碰到地面的时间是一样的，而水平抛出的球在水平方向上多运动了许多。水平运动改变不了物体下落的速度。水平扔出的球在水平运动的同时也在下落，而且其下落速度与自由落下的物体是一样的。

气　压

在3个世纪以前，德国的马德堡市曾公开做了一个实验，市长、发明抽气机的奥托·格里克将 2 个直径为 37 厘米的空心铜半球合起来，使之密不漏气，然后用抽气机把铜球里的空气抽掉。在每个半球的环上各拴上 4 匹壮马同时向相反方向拉，两个半球无法分开。最后，用了 20 匹大马，随着一声巨响铜球才一分为二。

这就是著名的马德堡半球实验。该实验说明，空气不仅是有压力的，而且这个压力还很大。一个成年人的身体表面积平均为 2 平方米，他全身所受的大气压力为 20 万牛顿。

空气的压力

空气是有压力的。它时刻都对我们周围的一切东西施加着压力，包括我们的身体。可以用一个最简单的办法，来证明空气压力的存在。

活动需要的材料和用具：气球、漏斗。

剪一块气球胶皮，将它紧紧地绷在一只漏斗的大口上。你从漏斗的小口处吸气，注意胶皮发生的变化。然后，使漏斗朝着上、下、左、右不同方向，重复这个活动。

你会看到：当吸气时，胶皮向里凹的；无论漏斗朝着什么方向，都会产生同样的结果。使胶皮里凹的，正是空气压力。

当你吸去漏斗中的一部分空气时，胶皮外侧的空气压力就会大于内侧的压力。因此，胶皮被压向里凹。漏斗朝不同方向的结果都是这样，说明空气在各个方向都有压力，而且大小都是相等的。

科学家们用实验证明：在海平面上，1 平方厘米的面积，空气压力大约为 1 千克。

气球的重量

有一个实验十分有趣，可以引人深入思索。在天平的一端，放着一只灌满压缩空气的瓶子，瓶塞上的开关紧闭着，瓶口上套着一个瘪气球；天平的另一端放砝码，使天平平衡。

然后，打开瓶塞上的开关，压缩空气进入气球，气球胀大。这时，天平上放着砝码的那一端往下沉，说明瓶子和气球变轻了。

这为什么会这样呢？

有人说："压缩空气从瓶子冲到气球里，给了气球一个向上的力，由于气球和瓶子是相互连着的，所以瓶子也受到向上的力，这就变轻了。"

有人说："这个说法不对。火箭向下喷气，火箭向上运动。瓶子里的压缩空气向上冲，瓶子应该向下运动，等于给天平的这一端加了一个力，瓶子应该显得重一些才对。"

这两个答案对吗？

这两种说法都没有说到关键的地方。压缩空气引起气球向上运动，喷气又引起瓶子向下运动，这两边大小相等，方向相反，相互抵消，实际上对天平称重没有任何影响。

应该说，这两种说法都对思考问题产生了干扰，我们排除干扰，再做一次实验。把气球中的空气压挤到瓶子中去，关闭开关，让瘪气球垂在托盘外面，使天平再次平衡。

这时，打开开关，气球又胀了起来，我们可以看到，盛砝码的那头又下沉了，气球和瓶子又变轻了。

那么，到哪里去找答案呢？

我们分析一下气球胀起来以后发生了什么变化？瓶子、气球、空气这三种东西的重量变了吗？

没有。瓶子和气球的重量不会变，空气的重量也没有减少。唯一有变化的是气球中的空气的体积，空气的体积胀大以后，它的轻重也会有变化。

因为这一连串问题的根子出在压缩空气上。空气被压缩到瓶子里以后，它的重量就不是一瓶空气，而是两三瓶，或者是四五瓶的重量了。这说明，瓶子里的压缩空气受到的空气浮力比较小，而当部分压缩空气进入气球以后，空气的体积增加，浮力也变大了。浮力增大，瓶子、气球和空气的重量就显得轻了一些。

水流过手帕

本实验需要的材料：水，广口瓶或水杯，橡皮圈，手帕。

把手帕绷紧盖在瓶口上。在水池上面，用一个手帕盖在瓶口或水杯口上，用橡皮圈把它紧紧地固定好。通过手帕给瓶中加水，直到加满为止。在水池上方，小心地把瓶子倒置过来。水不会从瓶中跑出来。

用小水流向瓶中加水。水之所以能够通过手帕流进瓶中，是因为水流的力量冲破了手帕孔口的表面张力。水之所以流不出来是因为在手帕网孔中的水产生了表面附着，而外面的气压向上以同等的压力顶住了倒置的瓶中的压力。气压向上顶住了手帕，表面附着使水无法出来。

喷泉的秘密

在两个大烧瓶的橡皮塞上各打 2 个小孔，把一个长管玻璃漏斗穿过一个孔并接近瓶底（漏斗下接皮管也可以），瓶里盛一些水。把一根尖嘴玻璃管插进另一个盛满水的大烧瓶。两个塞子的另两个小孔各插一短玻璃管，相互用皮管连接，接口处必须密封好，只要往漏斗里灌水，尖嘴玻璃管就喷水。

漏斗内的水漏完时，那边的喷泉也停止。如果把喷口弯一个角度，使喷出的水正好喷入漏斗，喷泉就能持续进行下去。

原来，漏斗里的水进入烧瓶后，瓶内的空气受压，因为两瓶是相通的，另一瓶的气压也相应增大，于是就把水从尖嘴压出，形成喷泉。

砸不碎的酒杯

取一根长 1.5 米左右，直径约 2.5 厘米的木杆。在杆子的两个顶端，沿杆的轴线各钉 1 枚大头针，大头针进入木杆的深度有 3~5 毫米即可，再用老虎钳截掉大头针的"大头"。然后，把杆搁在分别置于两把椅子上的两只玻璃杯上。杯只和杆两端的大头针接触。

抡起另一根粗大结实的棍子朝木杆的中央猛劈下去，木杆被劈断了，而玻璃杯却安然无恙。劈得越猛，实验效果越好。

不宜用硬木制成的杆子做这个实验，因为它们很难折断；而用白松或红杉树干做成的杆子是一定可以打断的。为了取得戏剧性的效果，可以用盛有葡萄酒的高脚酒杯来代替玻璃杯。而粗大结实的棍子也可用长 1 米左右的自来水管或钢杆来代替。因为杆的末端和酒杯最宽部分之间有空隙，所以即使木杆不断，杯口也只需承受使大头针弯曲所需的微小的压力，既不会破碎，也不会翻倒。

用高速电视摄像机拍摄的画面显示，木杆两端的初始运动几乎总是向上的。当外加的冲击传到杆端时，它们已经跳离了杯口。而且，杆端的这一上升过程与杆子中央部分的形变几乎是同时发生的，没有明显的时间滞后。

木杆受到打击时两端总是跳起来这一事实，启发我们可以不用大头针，把杆直接搁在杯口，从而使这个实验显得更为简单。事实上，这样做有时也能成功，只是失败的风险更大了。它需要表演者有更精确得多的打击技巧。

一是棍子必须严格沿竖直向下方向劈向木杆，否则木杆就会对杯子施加一水平方向的作用力，使一个或两个杯子翻倒。二是打击点必须在杆子正中央，否则，杆受到打击后的几何形状不再对称，其中的一个杯子就有可能因承受过大的压力而破碎。大头针的作用正在于可大大减小上述影响。

如果你想尝试这一实验，开始时仍应谨慎地用一些不易破碎的支撑物如塑料杯、饮料罐等来代替玻璃杯，直到掌握了足够的打击技巧之后，再换成玻璃杯。

吹不大的气球

准备一只气球和一个长颈瓶，将气球塞进瓶内，拉大气球的吹气口，反扣在瓶口上。嘴对瓶口用力吹气，尽管你使出最大的劲，吹得面红耳赤，气球只不过大了一点点，但却怎么也鼓不起来。

原来，瓶子内本来有空气，当把气球的吹气口反扣在瓶口上后，这些空气就被密封在瓶内。当吹气时，瓶内空气的体积被压缩而减小，因此，瓶内的压强增大，所以对气球的压力也增大，当瓶内的压力与吹气球产生的压力相当时，气球就再也吹不大了。

吹不掉的纸

找一个缝纫机上用的线轴，裁一张手掌大小的方形硬纸片，中间钉入

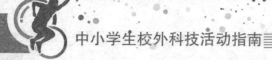

一枚大头针（或图钉），用手掌托住纸片，使针尖对准线轴的孔。你从线轴的上方使劲往下吹气，同时移开托纸片的手，你会发现纸片不会往下掉而会自由地漂浮。

当你用力吹气时，气流急速地从线轴下端和纸片中间的空隙中通过，空隙间的气压相对小于纸下面的正常气压，纸便被下面的空气托住。

飞机上天的原理也是如此。机翼设计成上面为拱形，下面为平直，当飞机前进时，机翼上面的气流速度要大于机翼下面的气流速度，飞机便得到了较大的升力。

"烟圈"炮

找一张长约250毫米、宽约150毫米的硬纸，卷成一个高约150毫米的圆筒，并用胶水粘好。将圆筒两端用硬纸封好，在一端的中央部位剪出一个直径为10毫米的小圆孔，这样，"烟圈"炮就做好了。在桌上点燃一支蜡烛，在距蜡烛300毫米处架好"烟圈"炮，使炮筒中央的小孔对准烛焰。然后将筒内充满烟雾，你在炮筒底部轻轻弹几下，炮筒射出一串串的烟圈，蜡烛就被烟圈"炮弹"打灭了。

当你轻轻地弹炮筒底部时，底部的硬纸受到挤压产生振动，这个振动引起炮筒内的气体产生一股向前的气流。这股气流挟带着烟雾，来到炮筒口部时，由于圆孔周围的纸对这股气流的阻碍，使气流迅速地向圆孔集中，然后沿着圆筒边缘冲出。加上圆孔中心部分气流较急，烟雾相对较稀，所以，一串串翻滚的烟圈就形成了。远处的烛焰不得不向这小小的"龙卷风"低头。其实，炮筒内不充烟同样可以做上述实验，充烟是为了便于观察，同时也增加了趣味性。

降落伞

这个活动需要的材料有：手绢，4根绳子（20～25厘米），重物（中等大小的铝坠等）。

在4个角上拴上绳。在绳上挂个重物。把伞叠起来以减少空气阻力。

把绳子拴在手绢的4个角上。从中心抓起手绢并把4根绳子拉齐，它们应是一样长短。把4根绳端拴在重物上并打个结。把手绢从顶部开始向重物端折叠，并把绳子缠绕在卷好的手绢上，这张开的伞受到较大的空气阻力。

这样手绢就成了一个小包。把这个小包向上空扔去。向上扔的小包到达顶点时开始下落，这时降落伞会打开，物体慢慢落地。

当把小包向上扔去时，空气阻力很小。降落伞打开后，空气阻力猛然间增大，并使下落变慢。

这个实验说明空气阻力和物体的表面积有关系，物体的表面积越大，它所受到的阻力也就越大。

✎ 自制晴雨计

天气的变化与大气压的变化有着密切的关系。一般情况下，气压稳定且缓缓上升时，说明天气要转晴。反之如果气压持续下降，就意味着天气从晴朗向阴雨转变。所以我们自己制作一个简易的气压计，就可以预测天气的晴雨变化，所以给这个仪器起名叫做晴雨计。

取一个墨水瓶（其他瓶子也可），一根长20厘米的细玻璃管，一块硬纸板或是一块木板，一个软木塞（塞在玻璃瓶上用），食用油少许，两根质量好的皮筋。

将玻璃管两端的断口处，用细砂纸打磨，也可以用小钢挫把断口处磨光滑，目的是防止割破手指。

向玻璃管内滴入一滴食用油，然后将玻璃管插入软木塞，再将软木塞紧紧地塞入墨水瓶中。

在一张白纸上，画出14厘米的刻度，刻度可以按直尺或三角板上的刻度画（包括厘米和毫米线）。将画好刻度的白纸贴在木板或是硬纸卡上。

将皮筋分别在细玻璃管的两端缠一卷，然后再固定在木板上或是硬纸卡上，这样晴雨计就制好了。

当外界的大气压升高时，瓶内气压小于外界大气压强，玻璃管内的油会下移；当外界大气压强下降时，瓶内气压大于外界的大气压强，油滴会

上移。根据油滴上下移动的位置，即可以了解大气压强的变化，做出天气将要变阴还是转晴的判断。

注意：

（1）晴雨表要放在温度比较稳定的地方（如地下室）。否则，温度的变化，会影响气压的变化，使观测不准确。

（2）为了减少墨水瓶内空气热胀冷缩的影响，可在瓶中先加入适量的水，使瓶内只留下少量的空气。

（3）软木塞与玻璃管、墨水瓶口之间要密封，不应有漏气的地方，可以用火漆或是石蜡密封，也可以将我们平时照明用的蜡烛熔化后滴在需要密封处。

（4）可以反复观察天气的变化与晴雨计的变化情况，必要时，可以做一下记录。

✿ 声音传播之谜 ✿

　　语言是我们人类交流的重要手段。声音是语言的载体，如果没有声音，人类不但无法相互交流，而且世界会变得非常单调和乏味。那么，声音是如何产生的？它又是如何传播的呢？

　　空气中的各种声振动是产生声音的根源，发出声音的物体称为声源。声源发出的声音必须通过中间媒质才能传播出去，人们最熟悉的传声媒质就是空气。除了气体外，液体和固体也都能传播声音。振动在媒质中传播的速度叫声速，在任一种媒质中的声速取决于该媒质的弹性和密度，因此，声音在不同媒质中传播的速度是不同的。

　　物体在每秒内振动的次数称为频率，单位为赫兹（Hz）。每秒钟振动的次数愈多，其频率愈高，人耳听到的声音就愈尖或者说音调愈高。人耳并不是对所有频率的振动都能感受到的。一般说来，人耳只能听到频率为20～20000Hz 的声音，通常把这一频率范围的声音叫音频声。低于 20Hz 的声音叫次声，高于 20000Hz 的声音叫超声。次声和超声人耳都不能听到，但有一些动物却能听到，例如老鼠能听到次声，蝙蝠能感受到超声。

✎ 声音的发生

　　在前文中，我们已经提到了"空气中的各种振动是产生声音的根源"。也就是说，声音是由物体振动产生的。那么，物体振动是怎样产生声音的呢？

下面，我们就通过一些小活动来研究振动是如何产生声音的。

声音与振动

我们参加文艺晚会，能听到演员动听的歌声和各种乐器的伴奏声，那么歌声和乐器声是怎样产生的？我们不妨来做几个小实验。

把手放在咽喉处，然后发声，手有发麻的感觉；用鼓槌敲铜锣，用手指接触锣面，手觉得很麻；用鼓槌敲鼓，马上往鼓皮上放一些爆米花，爆米花落在鼓皮上，一跳一跳的，蹦得老高。这些现象证明了声音是由物体振动产生的。

那么声音高低又是怎样产生的呢？我们再来做两个小实验：取一根长钢尺，将一端按在桌子边缘上，拨动另一端，当钢尺很长时，振动频率很小，声音很低。缩短钢尺伸出桌面的长度，伸出部分越短，振动就越快，频率越高，钢尺振动的声音音调就越高。

将橡筋单根或数根绷在硬纸盒上，在纸盒和橡筋之间插进铅笔。由于橡筋绷得松紧不同，拨动时就会发出高低不同的音调。

原来声音是由声源振动引起的，物体振动得越厉害，发出的声音就越强，音调就越高。

不同的发声方法

这个小活动是着眼于研究声音是如何发生的。

（1）把直尺按在桌边，它的一半伸出桌外。用一只手压住桌面上的部分，另一只手轻轻将伸出桌外的部分往下拉，然后放手，让它上下跳动。你听到了什么声音？你看到了什么现象？

（2）把音叉在橡皮上或软木上猛击一下，然后把音叉柄竖立在桌面上。你听到了什么声音？

再次把音叉在橡皮上或软木上猛击一下，叉柄竖立在桌面上。这次仔细地看看音叉叉子，你能看出音叉在运动着吗？

（3）在盆里倒上半盆水，音叉在橡皮垫或软木垫上猛击一下后，迅速放入盆中。

你看到了什么现象？你能说明为什么吗？

（4）用线缠住乒乓球，请伙伴提着线头。音叉在橡皮垫或软木垫上猛击后，立刻靠近乒乓球，使叉子与乒乓球刚刚相接触。

你看到了什么现象？你能说明为什么吗？

（5）把橡皮筋绷在手指上，手指微微伸展一下使它绷紧，用你的另一手拨一下橡皮筋。仔细看看这一时刻的橡皮筋。

你看见橡皮筋上发生了什么现象？

（6）用棒击一下小鼓，然后轻轻地触摸一下鼓面。

你手上有什么感觉？你能说明为什么吗？

把纸屑或米粒撒在鼓面上，再次击鼓。你看到纸屑或米粒发生了什么现象？你能说明为什么吗？

（7）对着奶瓶瓶口吹气，使奶瓶发出声音。

在这种情况下，声音是怎么发生的呢？

通过这个小活动，你已看到若干种发声的方法。你知道声音是怎样由于敲击、弹拨及吹气而发生的。

你看到正在发音的音叉是如何激起水的溅泼、如何使乒乓球运动起来的，构成这种运动的原因是与水或乒乓球相接触的音叉本身在作一前一后的运动。这种忽前忽后的运动方式叫做振动。小鼓受击后，鼓面开始振动起来，因而撒在它上面的纸屑或米粒随着上下跳动。归根结底，声音的发生只是由于某种物体在作振动而已。

声音的强弱

在前面的活动中，大家已经了解了一些发声的方法，包括弹拨、敲击和吹气。也许，你们中有些人发出的声音较轻，有些人发出的声音较响，这都取决于你拨、敲、吹的用力程度。

把伸在桌边的尺子，向下按得再低些，尺子发出的声音就更响了。把音叉往橡皮垫或软木塞更用力地击去，音叉发出的声音就更响了。用另一只手把绷在手上的橡皮筋拨得大些，然后放手，橡皮筋发出的声音就更响了。鼓敲得重些则发出声音更大些。对着瓶口更用力地吹气，瓶子发出的声音就更响了。

大家也可用其他方法使微弱的声音变得响亮，采用不同形状的纸筒是方法之一。在上一个活动中你已有经验，用纸管来倾听表的滴答声比不用纸管时响亮些。这里，我们用3种不同形状的纸筒来进行测试，看看哪种形状的纸筒使微弱的滴答声听起来最为响亮。

请一个同学拿着表，使它距离你的耳朵约25厘米处，或许你刚刚能听到微弱的滴答声。

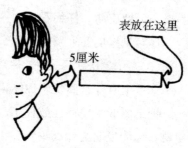

然后，把表放入纸筒的一端，使另一端离你耳朵约5厘米的地方。这时听到的声音是否比刚才听到的响亮些？

把表放入喇叭形纸筒的大口端内，使

把表放在纸筒的一端

另一端离你耳朵约5厘米处。现在你听到的滴答声是否比第一次听到的响？是否比第二次时听到的响？

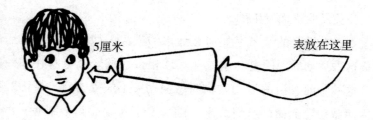

把表放在喇叭形纸筒大口端内

把表放入喇叭形纸筒的小口端内，使另一端离你耳朵约5厘米处。用哪一种形状的纸筒听到的滴答声最为响亮？

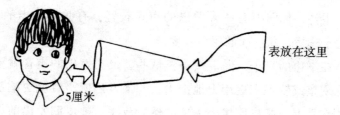

把表放在喇叭形纸筒小口端内

正如微弱的声音可以变得响亮，响亮的声音也可以变得微弱，下面就向你介绍几种这样的方法。

首先，剪一段约100厘米的绳子，把闹钟缠绕起来。

使闹钟闹起来，提着绳子把它放入盒子里。闹钟的声音有什么变化？

用毯子衬垫在盒子里，再使闹钟闹起来，提着绳子把它放入盒里。

这次，闹钟的声音有什么变化？

用其他材料衬垫盒子，重复上面的实验。

你知道为什么这些衬垫物能改变闹钟声音的大小？

原来，声音的强弱，取决于发声时弹拨，敲击或吹气的用力程度。改变声音的强度有若干种方法，用某种形状的管子及喇叭筒都可以使声音变得响亮些，某些编织物如毯子、地毯和窗帘都能够吸收声音，用它们阻挡可使声音变得轻弱。

如何改变音调

我们知道，对着开口的瓶口吹气，瓶子便会发出嗡嗡声，这是因为瓶里空气振动而发出声音。这个小活动是研究怎么使发出的声音变得高些或低些，或者叫做改变音调。通过这个小活动，你会知道几种改变音调的方法。

让直尺的一半伸出在桌子之外，用一只手按着尺子，另一只手轻轻地把自由端朝下拨，然后放手，倾听发出的声音。

这次让直尺的1/4伸出在桌子之外，把自由端轻轻地朝下拨，然后放手，倾听发出的声音。

仔细分辨，两次发出的声音有什么不同？哪一个发出的音调高？你能说明发出不同音调的原因是什么？

把橡皮筋松松地套在手指上，拨一下，倾听发出的声音。

把橡皮筋绷得紧些，留心别绷断了。拨一下橡皮筋，仔细地倾听发出的声音。

这两次发出的声音一样吗？假如不一样，哪个声音音调高些？你能说明发出不同音调的原因是什么？

把 8 只瓶子排成一行，第一只瓶子不装水；第二只瓶子稍微装一点水，以后每只瓶子比前一只略多装一点水。

对着瓶口，自左至右依次吹气。哪只瓶子发出的音调最低（或者说声音最低）？哪只瓶子发出的音调最高（或者说声音最高）？

你能说明这些瓶子发出不同音调的原因是什么？

现在，用匙自左至右依次敲击瓶子。现在，哪只瓶子发出的音调最高？现在，哪只瓶子发出的音调最低？

把这些瓶子贴上 A、B、C、D、E、F、G、H 标签。水最满的瓶子贴 A 而无水的瓶子贴 H。用匙敲击八只瓶子，作出一首曲子。用瓶上标签的字母，记下这首曲子。

在这个小活动中，你用了 3 种方法来改变音调：

（1）改变直尺伸出在桌子外的长度。伸出桌外的部分越长，尺子发出的声音越低（或音调越低），这是因为尺子振动得较慢，因而发出的声音较低。

（2）绷紧你手指上套的橡皮筋，则拨出的音调就高些，这是因为橡皮筋比松弛时振动得快了。

（3）对着装了不等量水的瓶子吹气或敲击，它们都发出不同的音调。吹气时，瓶子里的水越少，它发出的音调就越低，这是因为装的水越少，瓶子里便有越多的空气振动起来。然而，敲击时，瓶里的水越少，发出的音调就越高。

音调与乐器

在这个小活动中，你要制作一件乐器，你将用它来增加音调方面的知识，同时也可以使你了解弦乐器（如小提琴）的成调原理。

（1）在木块一边的中点，拧入一只羊眼。

（2）在木板的另一边，与第一只羊眼相对的地方，拧入第二只羊眼。

（3）测出两只羊眼之间的距离，并加上 20 厘米。记下这个数字，以免忘记。依照这个数据，截取一段绳子。

把绳的两端分别系在两只羊眼上，让绳子系得较为松弛。

旋转其中一只羊眼 1/4 周，使绳子略略绷紧些。弹拨绳子，它发出怎么样的声音？音调是高还是低？当弹拨时，注意绳子是怎样摆动（或振动）的。

（4）再把这只羊眼拧 1/4 周，绳子便绷得更紧些。弹拨一下绳子，这次拨出的声音比上次高还是低？注意绳子的振动，它比以前振动得快些还是慢些呢？

你能说明音调变化的原因吗？

（5）小心地再拧一下羊眼使绳子微微地绷得紧些，现在音调和绳子的振动发生了怎样的变化？

（6）反方向拧松羊眼，绷着的绳子便微微松弛了。在靠近两只羊眼的绳子下面，各竖起一把尺子，使尺子微微朝着羊眼倾斜，这样尺子就不太容易倒下。

把竖在右边的尺子沿着绳子慢慢地向左滑动，在这过程中同时弹拨绳子，拨出的音调发生怎样的变化？你能说明音调变化的原因吗？

（7）把两把尺子从绳子下面拿走。

绷紧绳子，以便弹拨时可以发出清晰的音调。用你的右手手指按下靠近右边羊眼的绳子，用你的左手手指弹拨绳子。

沿着绳子，把你的右手手指逐渐向左移动，在移动过程中继续弹拨绳子，那么拨出的音调发生怎样的变化？你能说明音调变化的原因吗？

（8）加几根绳子就可以制成一件较为完善的乐器。再取两段与步骤（3）中长度相等的绳子，它们将用来作为两

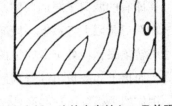

在木板一边的中点拧入一只羊眼

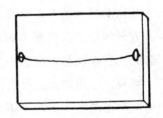

把绳的两端分别系在两只羊眼上

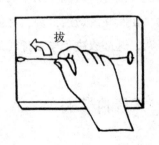

将羊眼旋转 1/4 周

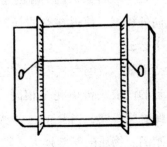

在靠近羊眼的地方各竖起一把尺子

根弦线添加在你的板上。

在原有的两只羊眼的两侧，各拧上一只羊眼。

在两对羊眼上各系上一段绳子，这样你的乐器便增添了 2 根弦。

旋转羊眼，使处于最底下的弦拨出的音调最低，中间的弦拨出的音调较高，而顶上的弦拨出的音调最高。

用你的手指按压这些弦线，便可奏出高低不同的曲调。试用这架琴在班上演奏一首曲子。

在这个活动的开始部分，你制作了一架单弦琴，并用它来进一步认识音调方面的知识。旋转羊眼以绷紧弦线，便可以拨出较高的音调。弦线绷得越紧，它振动起来也愈快。

接着，你用两把直尺把弦线抬高些，这两把尺子类似于小提琴的琴马。当一把尺子向另一把尺子靠近时，音调变得较高；当你的手指按着弦线向左滑动时，音调发生同样的变化，这两种情况都是使弦线变短，振动加快，因而音调变得较高。用手指来变更曲调高低的方法与上述两种情况相同。

在实验的最后部分，你制作了一架三弦琴，每根弦线发出高低不同的音调，这都取决于羊眼拧转的程度。

声音的传播

把一块石头扔进平静的水面，会出现一波波的涟漪，并以同心圆的形式向外扩展。值得注意的是，水并没有朝着水波扩散的方向前进，它只是上下运动。

形成声音的空气振动也是以这种运动方式传播的。水的波浪式传播与声音的波浪式传播完全相同。声音的振动从一组分子传递到另一组分子，就像骨牌一样，当其中一个被推倒，推力就会传递下去，使后面的骨牌陆续倾倒。物质的密度越大，声音传播得越快，就像骨牌之间靠得越近，倾倒的速度就越快。而声音的强度随着距离的增加而减弱，因此越靠近发出声音的地方，听到的声音就越大。

声音需要介质才能传播，而在真空中没有传送声波的介质，因此声音无法在真空中传递。通常声波在密度高的物质中传播的速度快，因此声波在固体中比在液体或气体中更易传递而且速度更快。声音在固体中传播的速度是 4000～6000 米/秒，在水中是 1440 米/秒，在空气中的平均速度是340 米/秒。声音在空气中的传播速度与空气的温度、湿度和风速有关。

声音的传播

在碟子里盛一半水，用铅笔尖在水面上上下抖动。当铅笔一进一出地抖动时，水面上出现了什么现象？

把跳绳的一端系住桌子腿或椅子腿，手持绳的另一端，把它拉直，然后沿着地面左右摆动绳子。你看到了什么在沿着绳子传播？

请伙伴跪下并握住漆包线圈的一端，你自己握住另一端，沿着地面展开漆包线圈。告诉你的伙伴继续握住漆包线圈，你在另一端左右摆动线圈。你看到了什么在沿着漆包线圈传播？

现在，在你这端把四五圈漆包线挤压一下，然后放松。这一次你看到了什么在沿着漆包线圈传播？

这一次沿着漆包线的运动方式与上一次（当漆包线左右摆动时）有什么不同？

这个活动是研究波动的产生。当铅笔尖在水面上上下抖动时，便有波纹沿着水面向外移动；当左右摆动跳绳和漆包线圈时，便有波纹沿着绳子和漆包线移动；当挤压几圈漆包线圈，然后放松任其运动，便形成了另一种类型的波。

你或许会注意到，所有这些实验中，当波动抵达碟子的边缘或者绳子、漆包线圈的另一端时，波动就会被弹回（或叫反射）。

声音的传播就像这些实验中形成的波动一样。当我们听到音叉发声，这是由于音叉叉子忽前忽后的运动（即振动）牵动了空气中的粒子随着做忽前忽后的运动（或振动）。这样，声波通过空气便传入我们的耳朵，它的波动方式类似于几圈漆包线先压缩后放松时形成的那类波。

ZHONGXIAOXUESHENG XIAOWAI KEJI HUODONG ZHINAN

声音的反弹

通过这个小活动，你将发现声音是以什么方式反弹回来的。

把两张硬纸板做成的纸管放在桌面上。两管不可接触。

在两根纸管的后面竖起一本书，两管也不可与书接触。

把表放入一根硬纸管内的一端，从另一根管子的一端侧耳倾听。用手捂住另一只耳朵，那么听到的声音只能由管中传来。左右移动倾听的纸管，寻找听到"嘀嗒"声最响的位置。

你知道纸管在这个位置时为什么听得最为清晰？

挪走听管，仍在上一步骤中听得最清晰的位置上倾听"嘀嗒"声。

你现在还能同样清晰地听到"嘀嗒"声吗？若不能，那又是为什么呢？

再把硬纸管放回原来的位置，便可重新听到清晰的"嘀嗒"声。然后挪走竖在管子后面的书本。

现在你能听清"嘀嗒"声吗？你知道为什么吗？

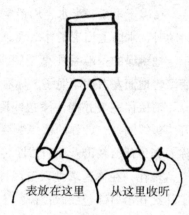

表放在这里　　从这里收听

寻找声音最清晰的地方

把书放回到两根纸管的后面，使书、管子重新都放在听力最佳的位置上，这样便可清晰地听到"嘀嗒"声了。这次把表从管内取出，放到管外，然后从另一纸管倾听。现在"嘀嗒"声还听得清晰吗？

如果听不清，那是什么原因？

原来，把表放入纸管里面，是为了使"嘀嗒"声借助于管子载送传给书面。当声音传到书本时，撞击书面而反弹回来，通过另一纸管——听管的载送把"嘀嗒"声传到你的耳朵里。

当听管放在某一位置时，我们听到的"嘀嗒"声最为清晰，而当你把听管挪往一边时，"嘀嗒"声就变轻了，这是因为反弹回来的声音失去了纸管的载送，就不能全部抵达你的耳朵。

奇妙的传播

如果用录音机把你的说话声录下来，再放出来，你会觉得，这不是自己在说话。而别人则认为，这声音就是你的，这是为什么？

原来录音机的声音是从空气中传播过来的，而你所听到的自己的声音一部分是从空气中传来的，另一部分是由头骨传来的，所以听起来有所不同。

声音不仅可以通过空气传播，而且可以通过固体和液体传播，但是有一些不同。

用牙咬住闹钟的提环，然后用两手堵住耳朵，你可以非常清楚地听到钟表里的摆轮来回摆动的声音，这声音是通过头骨传到你的耳中的，它比通过空气传进耳朵里的"嘀嗒"声响得多。

还有一个实验，可以证明固体能够传声，在一段小绳的中间拴一个金属汤勺，用两个手指把绳子的两头按在耳朵眼上，然后让汤勺摇来晃去，不断和桌子相撞，这时你会听到一种低沉的轰鸣声，仿佛在你的耳边敲起了大钟。

我们的头骨是传播声音的好材料，声音在传播过程中损失很少，所以通过头骨传来的声音大得多。游泳的时候，你和朋友们可以比较一下，声音在空气里传播和在水里传播的区别。一个人在距你15米左右的地方敲击两块石头，先在空气中，你在空气中听，然后在水里，你蹲在水里听，你会发现，在水里听，敲石块的声音更响。

声音在固体和液体里的传播速度比在空气里快，在有铁路的地方，有的人趴在铁路上能听到火车轮的声音，知道远处的火车就要来到，而在空气里则听不到，这是由于声音在铁轨里传播的速度比空气里的快，而且不容易变弱。

但是，声音不容易通过软的、松散而没有弹性的材料，它们往往会把声音吸收掉，所以，为了不使声音传到隔壁房间里，人们常常在门上挂上厚厚的门帘，地毯、沙发对声音也有很强的吸收能力。

❈ 认识热与能量 ❈

能量是物理学中描写一个系统或一个过程的一个量。一个系统的能量可以被定义为从一个被定义的零能量的状态转换为该系统现状的功的总和。一个系统到底有多少能量在物理中并不是一个确定的值，它随着对这个系统的描写而变换。

能量既不会凭空产生，也不会凭空消灭，它只能从一种形式转化为其他形式，或者从一个物体转移到另一个物体，在转化或转移的过程中，能量的总量不变。能量守恒定律如今被人们普遍认同。

自然界中不同的能量形式与不同的运动形式相对应。物体运动具有机械能，分子运动具有内能，电荷的运动具有电能，原子核内部的运动具有原子能，等等。

不同形式的能量之间可以相互转化。摩擦生热是通过克服摩擦做功将机械能转化为内能；水壶中的水沸腾时水蒸气对壶盖做功将壶盖顶起，表明内能转化为机械能；电流通过电热丝做功可将电能转化为内能等等。这些实例说明了不同形式的能量之间可以相互转化，且是通过做功来完成这一转化过程的。

某种形式的能减少，一定有其他形式的能增加，且减少量和增加量一定相等。某个物体的能量减少，一定存在其他物体的能量增加，且减少量和增加量一定相等。

水与热能

我们知道，世界上的总能量是不变的，但是它却常从一种能转换为另外一种能，从一个物体上转移到另外一个物体上。

水是世界上最多的物质之一，水里蕴藏的能量也是非常大的。但就热能而言，我们在冬夏两季可以感受到水的温度的差异非常大。这就是水与外界交换能量带来的结果。下面，我们就通过一些小活动，来看看水与热能的关系。

使用温度计

这个小活动要告诉我们怎样用一支温度计正确地测量冷暖。这种量度叫做温度。

首先仔细地观察温度计，找出刻在玻璃杆上的数字。它们可以用来帮助你测量温度，读数称作摄氏度。10 摄氏度写成 10℃。

握住温度计的顶端，把它竖直放在你面前，从温度计的水银球开始，顺着管内的水银柱由下向上进行观察。水银柱停在什么度数上？

你测出的温度是多少？

在烧杯里盛一杯冷水，把温度计插入水中，让水银球位于水中央，要确保水银球在水面下。找到温度计里的水银柱，水银柱停在什么读数上？这次你测出的温度是多少？

接着，把烧杯里的水换成热水，再把温度计插入水中，找到温度计里的水银柱的温度是多少？

这一次，烧杯里盛一些热水和一些冷水，估计一下水温可能是多少？

用温度计来检验你的答案。正确的答案是多少？

每样东西都有温度，我们可以利用温度计来精确地测量温度。物体越热，温度就越高，我们可以通过测量一个物体的温度来知道它有多热。

水会膨胀

液体在遇到热量，温度升高的时候，体积会不会变大呢？这个小活动会告诉你答案。

在瓶塞上钻一个小孔。

用麦秆或吸管穿过瓶塞上的孔，在麦秆周围涂些凡士林，使瓶子保持密封。

往瓶里灌冷水，直到接近灌满，再加几滴墨水。用麦秆把水和墨水搅混，再加少量水，让瓶内的水满到瓶口。

轻轻地把瓶塞塞住玻璃瓶口。

把瓶子放入一碗热水中。

麦秆内的水柱有什么变化？为什么？

过一会，把瓶子从热水里拿出来。这时麦秆内的水柱有什么变化？为什么？

在瓶塞上钻一个小孔

原来，当液体（比如水）受热时，体积会增大，或者叫膨胀，把玻璃瓶放入盛热水的碗里，加热瓶内的水，水就会膨胀而沿麦秆上升。如果把玻璃瓶从热水里拿出来，瓶里的水冷却，麦秆里的水就下降，水的体积减小，或者叫收缩。

用麦秆或吸管穿过瓶塞上的孔

蒸发降温

找两个小碟子，第一个碟子里放一汤匙水，第二个碟子里放一汤匙酒精。看看哪种液体蒸发得快。

再做个试验，在左右两只手上分别抹上水和酒精，同时挥动双臂，你感到哪只手较凉快呢？

你会发现酒精比水蒸发得快，当挥动手臂时，两手都感到凉快，但抹酒精的手感到更凉快些。

为什么会有凉快的感觉呢？这是因为水或酒精蒸发时会从皮肤上吸取

热量，使温度下降，所以你会感到凉快。酒精比水蒸发得更快，在同一时间内吸收的热量更多，因而你就觉得更凉快些。

牛奶冰淇淋

用牛奶和糖做冰淇淋。把它们调和好以后，放入冰箱里冻 1~2 个小时。实验的结果会怎样呢？

也许你满以为会有一盆松软可口的冰淇淋来款待大家，可是摆在面前的是既不像冰淇淋也不像冰棍的东西，表面是白生生的冰碴，下面的牛奶还没冻好，一点也不像从街上买来的冰淇淋。

墨水

在瓶里灌满水

尝一尝上面的冰碴，什么味道？是淡的。这正是我们实验要得到的结论。

为什么上面的冰碴没有甜味呢？原来，水在结冰的时候，有排除"异己"的倾向。结冰的时候，水分子把糖和牛奶排挤出去了。真正的冰淇淋在生产过程中是不断搅拌的，如果你也不断搅拌，同样会做出可口的冰淇淋。当然，很低的温度也是一个条件。

一碗热水

把瓶子放入一碗热水中

你没去过南极，但是从这个实验中，你能想出南极冰块的味道吗？

海水在结冰的时候，水里面的盐分也会被排挤，向温度高的地方移动。海水的温度高于冰山上的温度，所以在冻结时，冰中的盐分会向海水移动。地球的吸引力也是一个重要的因素，冰块里含的盐在重力的作用下会慢慢地向下移动。所以，南极的冰是淡的。

淡味冰不是一天形成的，而是经年累月，才能慢慢地把其中的盐排出去。一般一年的冰融成水后，就可以供人饮用，几年后的冰就几乎不含什么盐分了。

热水向上升

在一个牛奶瓶中装冷水，用方形的硬纸板盖上。第二个牛奶瓶中装热水，并先在热水中加些墨水。两个瓶子的水都须装满。

小心地把装冷水的瓶子倒转来，压住放在瓶口的硬纸板，当做一个简单的瓶塞，迅速将它放在装热水的瓶子上。

掌稳瓶子，从中取出硬纸板，注意会出现什么情况。有颜色的热水将上升进入装冷水的瓶子中，而冷水则往下面的瓶里沉。

有些楼上的住宅有热水供应，而加热水的热源又在楼下，热水是怎样上楼的，你感到奇怪吗？

原因是热水要向上升——这正是工程师们和管道工们所要利用的原理。

水中火山

找一个有软木塞的小玻璃瓶，在软木塞上钻两个小孔。取一根细直玻璃管，插入其中的一个小孔，使其下端几乎要碰到瓶底。另取一根带尖嘴的细玻璃管（可用拔掉橡皮球的滴管代替），插入软木塞的另一个小孔，保持尖嘴口竖直向上。将一根长约8厘米的细棉纱线穿过尖嘴口，伸入管内3厘米左右。用点燃的蜡烛的熔蜡将尖嘴口封闭。

往小瓶里倒入温度较高的热水，至接近瓶口止。再往热水中滴4～6滴红墨水，然后塞紧插有玻璃管的软木塞。另取一只大烧杯或大口玻璃瓶，灌满清洁的冷水。把小玻璃瓶小心地放入大烧杯中，然后轻轻地拉掉被熔蜡封在尖嘴口的细棉线，小瓶内红色的热水便从尖嘴口喷出，并向四周扩散，其情景犹如海底火山爆发，雄伟壮观，奇趣盎然。

为什么会出现这样的情况呢？这是因为小瓶内热水的密度比烧杯中冷水的密度小，因此红色的热水便从尖嘴口喷出，而冷水则从细玻璃管不断地补充到瓶的下部，形成了可持续一段时间的"火山喷发"奇景。

水滴跳舞

冬天守在炉子旁边烤火是一件十分惬意的事，炉子上的水壶吱吱地响着，一会儿水开了，水滴掉在灼热的炉盘上，便飞快地跳起舞来，水滴一面旋转着一面跳着，就像是有了生命一样。

这种有趣的现象只有在炉盘烧得很热，有些发红的时候，才可能看到。如果炉盘是温热的，一滴水掉在上面就会迅速地蒸发干，消失得毫无踪迹。

如果你是一个爱动脑筋的人就会立即画上一个大问号，为什么水滴在更热的炉盘上消失得比温热的炉盘上要慢呢？按说炉盘越热，蒸发得越快！

是不是实验做得有误？你可以反复地进行几次，把同一铁盘烧成不同的温度，滴上同样温度的水，你总会看到水滴在烧得很热的炉盘上舞蹈，有时会持续 3~4 分钟。

科学家对这种现象也感到十分奇怪，他们用高速摄影机拍摄下水滴舞蹈时的各种姿态，最后发现了水滴跳舞的秘密。

原来，当水滴碰着灼热的铁板的时候，它的下部分立即汽化，于是在水滴和铁板之间形成了一层蒸汽层，使水滴不能直接挨着铁板，铁板的热是通过蒸汽传到水滴上，反倒慢了。通过蒸汽加热，使水滴全部变成水蒸气，要用 3~4 分钟的时间，在这个期间水滴得到水蒸气的保护，因此能在铁板上跳动。而掉在温热的铁板上的水滴，由于没有蒸汽的保护直接和热铁板接触，反倒蒸发得快，一会儿就消失了。

烧不开的水

将一只盛水的小烧杯放在盛水的大烧杯中。然后用酒精灯加热大杯里的水，过一会，大杯里的水烧开沸腾了。但奇怪的是，小杯里的水并不沸腾，无论加热多长时间都烧不开。用温度计量一下，大小杯里的水温居然相同，但是小杯里的水为什么不沸腾呢？

沸腾是液体的一种汽化现象。液体汽化的时候，要吸收热量。大杯子放在火源上，里面的水可以不断得到热量，不断沸腾。

而小杯放在水中，只能从水中得到热量，即大杯中水的温度升高，小杯中水的温度也升高。当大杯中水温升高到 100℃ 时，小杯中水温也升到 100℃，但大杯中水温升高到 100℃ 时就沸腾了，它得到的热量都用来汽化了，水温不再升高，这样一来，大小杯之间不再发生热交换，小杯里的水不能再从大杯里吸收热量，就不会沸腾。

巧化糖块

找两颗同样的水果糖，两杯冷水。将一颗糖扔入一杯水中，它很快就会沉底；把另一颗糖用线绳拴住，吊在另一杯水中间，仔细观察，两颗糖哪个溶化得快？吊在水中间的几分钟就化完了，而沉底的那个才化了一小部分。

有趣的是，在吊糖的那个杯子里，下半杯浑浊的糖水和上半杯透明的清水，界线竟非常鲜明！

你还可以改变糖的高度继续做这个实验，你会发现，糖吊得越低，溶化速度越慢，糖吊得越高，溶化速度就越快。

糖在水中的溶解，一靠扩散，二靠对流。冷水温度较低，扩散的作用不明显，所以沉入水底的糖不容易溶化。而吊在水中的糖，由于糖水比清水重，糖水下沉，清水上升，形成对流，糖的位置越高，水对流的范围越大，糖就越容易溶化。

"烧"不死

如果有人问你："水是怎么烧开的？"你也许会说，"火把热传给水壶，水壶又把热传给壶底的水，壶底的水又把热向上传，直到整壶的水都达到100℃，水就开了。"这种说法对不对呢？下面我们做一个小实验来检验一下这个说法。

取一个大一点试管，装上大半管清水，再往试管里放一条小金鱼。手握试管的下部，把试管上部放到点燃的酒精灯的火焰上加热。大约3～4分钟后，你可发现，靠近试管口的水沸腾了，水蒸气直往外喷，可你握试管的手并不觉得烫；更令人惊奇的是，靠近试管底部的小金鱼依然自由自在地游动着，一点也不惊慌。这证明了水和玻璃一样，也是热的不良导体。

显然，水并不是靠水的热传导烧开的。

那么，我们再做一个实验，看看水到底是怎样被烧开的。

取一只烧杯，放入一些木屑，再倒入大半烧杯清水，然后把烧杯放到煤气灶上加热。随着水温的升高，你可看到木屑在水中上下运动起来，而且越来越快，直至整杯水都沸腾了起来。水被烧开了！

原来，当杯底的水受热膨胀后，密度变小，向上升；烧杯上部的凉水密度大，向下沉。沉到杯底的凉水受热后膨胀，当它的密度减小到比原来上升的水的密度还要小时，又向上升。同时，原已上升的水因为密度较大又向下沉……在这样反复上升、下降的循环过程中，整杯水的温度不断提高，木屑也被带着不断上下运动，直至水开。显然，水是靠水的对流烧开的。

奇怪的鸡蛋

取一只小烧杯，在杯中装 2/3 杯水，水中放入一个鸡蛋。在水中插入温度计，用小火慢慢加热调节火焰，使温度控制在 70~75℃，加热约 5 分钟。从烧杯中取出鸡蛋，敲破蛋壳，把鸡蛋倒入一个碗中，就会看到蛋白仍然是液体，蛋黄已经凝固。

注意：温度不能超过 75℃，否则实验会失败。

各种物质的凝固点都不相同，蛋白和蛋黄的成分不相同，所以它们有各自的凝固温度，蛋黄的凝固温度低于 75℃，蛋白的高于 75℃。

简易温度计

大多数温度计利用水银来显示温度。我们用水来做一个简单的温度计。

在瓶中倒一杯水，并将瓶子放入盆中。在软木塞上钻一个孔，将玻管从中穿过。将软木塞紧紧盖住瓶口，玻管的一端应伸入瓶内水面以下。

接着，将热水淋到瓶子上。这样瓶中的水受热而在玻管中上升。

再向瓶子倾倒冷水，于是水便在你自制的温度计内往下降落。

这是怎么回事呢？原来，温度计之所以能测量温度，靠的是流体遇热时膨胀，遇冷时收缩的原理。我们的这个简易温度计利用的就是水遇热膨胀，遇冷收缩的特性。

干湿温度计

拿两支温度计，用棉花球把其中一支的下端液泡包住，再用水或酒精把棉花球浸湿，过一会儿，你会看到裹湿棉花的温度计显示的温度比另一支低。

为什么会这样呢？原来，液体会蒸发变成气体，温度降低说明蒸发时从周围吸收了热量，可见蒸发有制冷的作用。你在皮肤上擦一些酒精，会觉得特别凉，就是因为酒精蒸发时带走了那个地方的热量。

固体与热能

水吸收热量，体积会膨胀，那么固体吸收的话，结果会如何呢？固体和水的性质虽然不同，但是它们吸收热量以后，所表现出来的特点却是一样的。下面，我们可以通过一些科技小活动来检验一下。

膨胀的冰

水结冰时，它占据的体积（空间）比它在流动状态时要大一些。做一个简单的实验便能证明这一点。实验在寒冷的冬夜或是用冰箱来进行。

取一个带螺旋盖的空瓶，用水装得满满的，然后旋紧盖子。假如气温在0℃以下，睡觉前将它放在门外无遮盖的地方。如果气温高，就只好装在纸盒内，一起放在冰箱中，但是要使瓶子立稳。

瓶中的水变成冰时，情况怎样呢？因为冰比水需要更多空间，而从螺旋盖处找不到出路，于是瓶子便会破裂。

做另一次实验时，用一只塑料杯来代替空瓶子，水一直装到杯口处。将杯子放在冰箱内让水有充足的时间冻结为固体。你会看到冰面比杯口要高得多。

为什么会出现这种状况呢？这是因为冰的密度比水小，而同样重量的物质，密度小的，体积（所占空间）肯定要大一些了！

连接冰块

把两块表面平整的冰合在一起，在上面盖一张塑料薄膜，再放上几块砖或其他重物，不一会儿，这两块冰就会牢牢地连接在一起。

如果在这两块接起来的冰下面，再放上一块表面平整的冰，压上更多的重物，再过一会儿，这块冰和上面两块冰又会牢牢地连接在一起。

这是为什么呢？因为冰受压后溶点会下降，冰块合在一起受压后接触面会融化而出现薄薄一层水，但是这层水很快就会因降温而结冰，把冰块接合在一起。

切不开的冰

在一根长约20厘米的细金属丝的两端，各缚一支铅笔。拿一块冰，放在一只瓶子或一块木头的顶上，然后用双手拿着铅笔，把金属丝放在冰的中间，再用力向下压，切割冰块。大约1分钟后，金属丝会全部通过冰块。但是冰块仍旧是完整的，好像没有被切割过一样。

这是为什么呢？原来，金属丝的压力使和它接触的那部分冰融化，这部分冰在融化过程中必须从它周围的冰块中吸收热量。当金属丝通过后，由于周围的冰温度仍旧比较低，所以切割时化成的水又重新结成冰了。

膨胀的瓶盖

你曾见过你妈妈在开启罐头盖时多么费劲吗？

我们知道金属是一种比玻璃好得多的热导体。因此，只要想办法加热金属盖，使它膨胀得大于瓶口，你就能够打开瓶盖了。

加热金属盖很容易。将罐头瓶倒转头来放在碗里，再向碗里倒入一些热水就行了。

同样道理，如果你的乒乓球不小心被踩着了，凹进一块，又该怎么办呢？乒乓球的外壳是用赛璐珞制成的。那是一种易燃物，比空气不易膨胀。

你只要将乒乓球放入热水中，用手按住，令凹面朝下，一会儿工夫，乒乓球便会完好如初。

你知道这是因为什么吗？

原来，乒乓球内的空气受热膨胀，遇到外壳的阻挡，便拼命向外窜，横冲直撞，于是凹进去的一面首当其冲，被推了出来。

热导体

我们常常谈到，某些材料是优良的热导体，另一些材料是不良热导体。我们这样说，意思是指前者会很容易地吸收热，并且传导开去，而后者则抵抗热，还竭力将热源禁闭起来。

一支普通蜡烛上的火焰，可以用来为我们做几个简单的实验，目的是看一看不同类型材料的相对导热能力。

首先，将一根玻棒的一端放在蜡烛火焰上烧。不管你在火焰上烧多久，你所握住的那一端不会受到另一端的热影响。这是因为玻璃是极端不良的热导体。

现在用木棒做同样的实验。火焰烧着的那一端会成为木炭，也许在蜡烛火焰上烧不到几秒钟就可能被烧光。而你握住的木棍的那一端仍然是凉的，其原因是木材也是一种不良的热导体。

最后，取一节铅丝，将它的一端放在蜡烛火焰上烧。不过，你须做好准备迅速丢掉这节铅丝，因为在瞬息之间，金属丝会把烛光火焰上的热传导过来烧灼你的指头。

通过实验证明，玻璃和木材是不良热导体，而金属却是优良的热导体。这时，或许你能回答下面这样一个问题了：为什么平底锅和水壶要带木手柄？

防雾玻璃

取一片洁净干燥的玻璃片，在中间部位均匀地涂一薄层洗净剂，将涂有洗净剂的一面朝下，放在盛有开水的暖瓶口上方。

过几秒钟后，拿起玻璃片一看，就会发现，没有涂洗净剂的部位布满小水珠，雾茫茫的；而涂有洗净剂的部位却没有小水珠，仍然是透明的。这是怎么回事呢？

水蒸气遇冷会在玻璃片上凝结成许多小水珠，这些小水珠在表面张力的作用下收缩成半球形或球形，使光线散射，所以看上去雾茫茫的。洗净剂能降低水的表面张力，使水蒸气不能凝结成小水珠，而紧贴玻璃形成一层均匀的水膜，所以看上去仍是透明的。

现在市场上出售的玻璃防雾剂，就是根据这一原理制成的。如果把镜片涂上这种防雾剂，冬天戴着眼镜去盛汤，镜片上就不会雾茫茫的了。

黑体的本领

把一个表面光亮的金属盒，放在蜡烛焰上熏黑一部分。然后装上热水（最好是刚开的水），放在桌面上。再将预先校准的两支温度计（看看它们在同样环境下示数是否相同），用细线拴好，挂在金属盒的两侧，各距金属盒5毫米左右，但不要和金属盒接触。一支温度计的玻璃泡对着熏黑的面，另一支温度计的玻璃泡对着未熏黑的面。

过3~5分钟，观察温度计，你会发现，对着黑面的那支温度计的示数比另一支的高。为什么会出现这种状况呢？

人们都知道冬天穿着黑色衣服较暖，黑色物体吸收热的本领最强。这个实验告诉我们，黑体辐射热的本领也最强。这是自然界一条普遍的规律。

手帕烫不坏

手帕真的不会被烫坏？如果不放心，你可以找一条旧的手帕来做这个实验。

把手帕摊平，放入2枚壹圆硬币后用手攒紧。现在你可以拿燃着的烟头或卫生香去揿烫手帕包有硬币的部分，时间不能过久。也许你会想，这样做手帕不就被烫坏了吗？但是，结果手帕没有被烫坏。这是怎么回事呢？

从前面的实验中，我们已经知道金属的导热性相当好，而烟头接触到手帕后，热量很快被硬币分散，使手帕不会被烫坏。

当然，如果接触的时间久了，热量不能得到很好的散发，手帕也会被烫焦甚至烫穿。

金属片弯腰

把长度相等的薄铁片和薄铝片叠在一起，两头用铆钉钉住，成为一个"双金属片"。用钳夹住"双金属片"的一端，在蜡烛上加热它的中间部分，不一会儿，两片金属从中间拱起，从侧面看呈现弯曲的月牙形。这是怎么回事呢？

两个金属片之间之所以会拱起，是因为在同样条件下，不同固体膨胀的程度不同，铝受热膨胀得比铁快，膨胀的程度也比铁大，但由于它们两头被固定住了，铝片只能从中间拱起。

人们利用"双金属片"在温度改变时会改变本身形状的原理，制成了许多自动化的装置和仪表，例如金属温度计，能自动记录温度的变化；又例如温度调节器，能自动保持室内恒定的温度等。

铁圈下蛋

用铁丝做一个小铁圈，把一个没吹足气的小气球（铁圈比气球略大，不能大太多）放入铁圈，气球会落下来。把这个气球放进一盆热水中，泡一下后，再放在铁圈上，却掉不下来了。可是，过了一会儿，球又掉了下来。

这个气球由小变大再变小，你知道是什么道理吗？原来是热胀冷缩的原理。气球里的空气受热后膨胀使球变大，后来空气慢慢变冷，球就又变小了。

铁丝伸长

找一根粗铁丝，把它的两头分别搁在砖上。在铁丝的一头垫一块玻璃，在玻璃和铁丝之间，放一枚大头针或缝衣针，针尖穿过一片狭长硬纸条。铁丝的另一头用硬物顶住，上面再压上重物。用蜡烛加热铁丝的中间部分，过一会儿，你就看到穿在针尖上的硬纸条偏转了；吹熄烛焰，硬纸条会慢慢转向原处。

一般物体（包括固体、液体和气体）都具有热胀冷缩的性质。铁丝受热会伸长，于是压在铁丝和玻璃间的小针就带着硬纸条转动了。

气体与热能

我们周围的空气变热时会发生什么现象？空气体积是保持不变、膨胀，还是缩小？冷空气和热空气相遇会发生什么情况呢？

空气变热时，它所表现出来的特点和液体、固体是一样的，都会膨胀。冷空气和热空气相遇，冷空气就会往热空气这一端运动。这是因为热空气膨胀以后，单位体积的重量就减轻了。相对较重的冷空气当然会往热空气这一端运动了。

下面，我们就通过一些科技活动来验证一下吧！

热空气

我们在这里可以做两个小实验，来研究一下空气受热以后会发生什么情况。首先，我们来做"瓶子和气球"的实验。

把一个气球套在玻璃瓶上。

用热水浇玻璃瓶。

仔细观察一下，气球有什么变化？

把瓶子和气球画下来，一幅是瓶内空气受热以前的，一幅是瓶内空气受热以后的。

然后，让玻璃瓶自然冷却。当空气冷却时，气球有什么变化？你能说说为什么？当空气冷却后，再给玻璃瓶和气球画一幅图。

把气球套在玻璃瓶上

把两只气球套在另外两只瓶子上，现在三只瓶上都套了气球。

用热水加热三只玻璃瓶里的空气。小心不要烫着你自己的手。

哪只气球胀得最大？是套在小玻璃瓶上的气球，还是套在中间的气球？或者是套在大玻璃瓶上的气球？为什么？

带着这些问题，我们再来进行下一个实验。

把空瓶放入冰箱，约1小时，直到它变得冰凉。把玻璃瓶从冰箱里拿出来，用手指蘸些水，把瓶口弄湿，把硬币放在瓶口上。

用双手紧紧握住玻璃瓶。

硬币发生了什么变化？你能说说为什么吗？

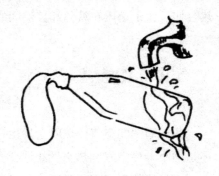

用热水浇玻璃瓶

原来，当空气受热时，体积会变大，我们把这个现象叫做膨胀。在第一个实验里，气球变大意味着空气膨胀，就好像向气球里吹气它会变大一样。在第二个实验里，因为你握住瓶子，瓶内空气受热膨胀，结果，空气的膨胀使得硬币滑动而掉下来。

会走的杯子

找一块玻璃板，放在水里浸一下，然后一头放在桌上，另一头用几本书垫起来（高度5~6厘米）。将一只玻璃杯，杯口沾些水，倒扣在玻璃板上。

这时，手拿点着的蜡烛去熏烧杯子的底部，你就会惊奇地发现：咦！玻璃杯竟会自己往下走去。这是怎么回事呢？

原来，当烛火熏烧杯底的时候，杯内的空气渐渐受热膨胀，要往外挤。但是，杯口是倒扣着的，又有一层水将杯口封闭，热空气跑不出来，只能将杯子顶起。在自身重量的作用下，就自己下滑了。

烟雾的行踪

找一个长方形的空纸盒，在侧面开两个圆孔，用硬纸做两个纸筒，把它们插在两个圆孔中。然后把盒子侧放，纸筒向上，把一小段点燃的蜡烛放置在盒内任一纸筒下面，把盒子盖好。

点燃一段蚊香，放在下面有蜡烛的纸筒顶端，烟雾向上冒得更快；把蚊香放在下面没有蜡烛的纸筒上，烟会从另一个纸筒冒出来。多么奇怪的现象啊！

为什么会出现这种奇怪的现象呢？这是因为蜡烛点燃时产生的热烟气通过上面的纸筒冒出来，冷空气从另一个纸筒流进盒内维持燃烧，所以蚊香的烟也随着空气的气流进入纸盒内。

这时，蜡烛产生的热烟气从纸筒向上升，蚊香的烟也就随着这些热烟气从蜡纸上面的纸筒又冒了出去。

门边的蜡烛

这里介绍一个简单的实验，目的是让你观察空气怎样对流。

将一间有暖气或生了火炉的房间的门打开 10 多厘米。在微开着的门的上方举起一支点燃的蜡烛。火焰的方向会表明，有一股气流正从房内流出来。

接着，将蜡烛拿到门开处尽可能低的地方。火焰的闪动方向表明，有一股冷气流正在流入房中。

最后，将蜡烛放到门缝正中再试一下，等你耐心地看到火焰在这些地方的某一点上燃烧稳定时，这就表明此处不存在气流。

气流是怎么回事呢？原来，在一间有暖气或生了火炉的房间里，热空气总要向上升起，并寻找逃跑的地方。与此同时，冷空气从低处进入房内，以填充由于上升的热空气所造成的低压区。

气垫"力士"

找两只上口大、下底小的玻璃杯，叠放在一起。用手稍稍提起上面一只玻璃杯，对着两只杯子之间的缝隙吹气。这时候，上面一只玻璃杯会跃跃欲试跳出杯外，提着玻璃杯的那只手，必须用力握着才行。

如果将一枚曲别针放在两只玻璃杯之间，使它们中间留有缝隙，不用手提着，猛一吹气，上面一只玻璃杯"突"的一下，真会跳出下面的杯子哩！

这是什么道理？要是在晚会上表演，一定会吸引不少人。表演时注意，别让跳出的杯子摔在地上，粉身碎骨。

原来，当你对着两只玻璃杯之间的缝隙吹气时，气一下子放不出来，结果在玻璃杯之间形成一股压缩空气垫层，也就是气垫。持续吹气，气垫层加厚，就会把上面一只杯子给垫起来。如果不用手握着，最后势必被垫出杯外。

能量与运动

在前面的小活动中，我们已经研究了热量与液体、固体、气体之间的关系。而且在活动中，广大的中小学生可能已经发现了，热量会使物体动起来。

那么，在下面的活动中，我们就来探讨一下能量和运动之间的关系。

能　源

我们需要食物来供给能量。同样地，汽车需要汽油。汽油燃烧产生能量，使汽车能够行驶。食物和汽油都是燃料或能源。

我们人体的所有能量都来自我们所吃的东西。食物是我们的能源。看看下面的图画。先找出能量消耗的方式，再确定能量是从哪里来的。能量是从食物、煤油、电、汽油、拧紧的发条来的呢，还是从别的地方来的？

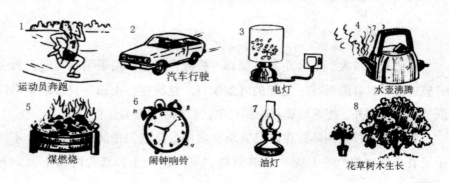

1 运动员奔跑　　2 汽车行驶　　3 电灯　　4 水壶沸腾
5 煤燃烧　　6 闹钟响铃　　7 油灯　　8 花草树木生长

不同方式的能源消耗

能源有许多种。它们包括我们的食物、电、石油和太阳。在所有这些能源中，最重要的也许是太阳了。如果没有太阳发出光和热，植物和动物都不能够生存。我们的许多燃料，例如煤和石油，都是死亡和腐败了的生物产生的。所以，如果没有太阳，这些燃料就不存在。各种能源提供的能量可以用各种不同方式来消耗。你吃的东西供给你能量来奔跑。电可以提供能量来照明。拧紧的发条具有的能量可以用来使时钟运转。

热产生运动

给水盆里盛满冷水。

用两根电线缚住船身，扭转电线的上端，做成两个圆环。圆环要足够大，这样就能把雪茄烟管穿讲圆环。

把蜡烛放入船底。

拔掉雪茄烟管的盖子，请老师帮助你在盖子的边上打个孔。

往管子里灌满水，再把盖子盖上。

将烟管套进两个电线环，小孔向上方。

点燃蜡烛，确保蜡烛位于烟管的下方。再把船放入水盆里等一会儿，直到水蒸气从烟管里冒出来。

蜡烛加热烟管里的水，水变成蒸汽，从小孔冒出，当水蒸气从管里喷出来时，小船就被推动向前行驶了。

奇怪的玻璃纸

取一段长约 12 毫米、宽约 5 毫米的硬纸片，距离一端 15 毫米处扎一枚大头针，使大头针在针孔内滑动几次，再钉在墙上，另一端剪成尖形，做指针。

再在硬纸片尾部垂直贴一条长约 50~60 毫米、宽约 3 毫米的糖果玻璃纸，使指针水平放置，拉紧玻璃纸，用大头针钉在墙上。

这时候，对着玻璃纸哈热气，指针就会慢慢地下垂，玻璃纸明显地伸长了；划根火柴烘烤玻璃纸，指针又开始慢慢地上翘，玻璃纸明显地缩短了。

同样是加热，为什么一会儿伸长，一会儿缩短呢？

原来玻璃纸有湿涨干缩性。第一次哈热气是潮湿的，第二次用火烘烤是干燥的，所以出现了两种截然不同的效果。

混凝蜡

用牛皮纸卷两个相同的小纸筒（高约 100 毫米、直径约 10 毫米）。在一个纸筒中倒入融蜡，另一个纸筒中倒入放有木屑的融蜡。等蜡液凝固之后，剥去纸皮，就得到一根纯蜡棒和一根充满木屑的蜡棒。用这两根蜡棒分别去吊重物，可以证明，含木屑蜡棒的强度比纯净蜡棒的强度大。

这是因为木屑本身的强度比蜡大，它在蜡中起了"骨架"的作用。人们在水泥中加进沙石制成混凝土，不仅节省水泥，而且还能提高强度，道理完全相同。

看见空气

我们打开一个盒子，看见里面没有什么东西，就说盒子里是空的；我们把一杯水喝光了，也说杯子是空的。其实，这样说并不准确，盒子里和杯子里都充满了空气。

有没有办法看到空气呢？

先说一个简单的方法：将一个玻璃缸或一个水盆里装上水，然后把一个杯子杯口朝下按在水里，可以看到，只有少量的水能进到水杯里，是什么东西不让水再进去了呢？是空气！空气占据了杯子里的空间，所以我们"看"到了空气。

春天来了，暖暖的太阳照在原野上，照在屋檐上，你看到了什么？如果你是一个细心人，你会看到田野上、屋檐上似乎有淡淡的影子，袅袅地上升，这是什么？这就是热空气的影子，也就是说你看到了空气的影子。

晚上，在桌子上放一个点燃的蜡烛，让它们距墙 60 多厘米远，然后把屋里的灯关掉，站在离墙 1～2 米远的地方，打开一个手电筒，使它的光穿过烛光照在墙上。在蜡烛阴影的上方有一个淡淡的影子不断地摇动，这就是蜡烛上方热空气的影子。

空气是如何脱去了它的"隐身衣"的？原来是因为"热"。在热空气和冷空气同时存在的时候，由于热空气和冷空气的密度不同，所以，光在热空气中和冷空气中的传播速度不同，在热空气中稍快一点。对于光来说，冷、热空气就是两种不同的透明物质。光线行走到它们的交界面上，会发生折射，这和光在空气和玻璃的交界面上的折射类似，玻璃虽然透明，但是在阳光下有影子。

上述的实验中，从手电筒中射出的光，由于一部分光受到烛光上方热空气的折射，就再也不笔直地前进，而折向其他的方向，射到墙上的光有的地方多，有的地方少，就会出现一些淡淡的影子。

看见空气的影子有什么用处呢？

原来，汽车、飞机、火箭、子弹等都在空气里运动，它们搅动着空气，形成漩涡，这些漩涡会影响它们的运动，但是这些漩涡看不见，如果能看见这些漩涡，我们就知道如何改进这些运动体的形状，以减少空气的阻力。而利用上述类似的方法就能看见空气的阴影，科学家也正是这样做的，他们从这淡淡的影子里看到了许多东西。

辐射的热

在一个大圆铁罐的两边各钻一个小孔，把铁罐内壁的一半涂黑，让一个小孔在涂有黑色一边，另一个小孔在没有涂色一边。把两根火柴棒分别插在小孔里，用蜡把它们固定好。把一个亮着的灯泡放在铁罐中间。

你会看见黑色一边的火柴棒上的蜡首先融化。

为什么会出现这种状况呢？这是因为黑色的表面吸热多，而没有涂色的表面吸热少。夏天人们爱穿浅色的衣服，冬天爱穿深色的衣服，就是这个道理。

热气球

热气球是实用飞行器的一种，我们自己动手制作的小热气球也会升上天空。

本实验需要的材料和工具有：全开4张薄纸、铁丝、竹条、棉花、酒精或煤油、剪刀、胶水或糨糊。

制作方法：将2张全开纸顺长边对折，将另外2张全开纸平放在折纸的上下，沿长边粘贴四个边条，斜向收粘上口和下口，由于粘成的纸气球较大，所以要用折叠平放办法去制作。作成后比着下口大小，弯一个大竹圈，在竹圈中横拴一根铁丝，在铁丝中部用铁丝拴一块棉球或破布，在底圈上拴三条小线，收拢后再拴一条长线，以便在气球升空后拉住球体，使球不能带着火种任意飘飞。

放飞时在棉球上浸酒精或煤油，由两人托举纸球，一人在球下点火，当火焰将纸球中的空气烤热后，气球便会缓缓升上天空。另一种放飞办法是在气球的底圈上不拴火种，只用炉火把气球内的空气烤热后放飞上空，这样做没有危险，球内空气冷却后会自动落回来。

热空气比普通空气轻，球体内热外冷就能上升，但制作热气球时球体不可制作得很小，只能做大些，热空气容量越大越容易飘上去，而且在空中停留的时间会长些。

拔水杯

在洗脸盆里盛一点水，拿一只玻璃杯倒扣在水里，杯内杯外的水面分不出高低，都一样平。现在，采用两个简单办法，就可以使杯内的水面拔高一截。

（1）拿一块沾过热水的毛巾，裹在玻璃杯上，过一会，就会看到有气泡溢出水面，等气泡不再外溢，把热毛巾拿走。过一会，杯内的水面就会上升，也就是被拔高了。

（2）用瓶子夹着一小团棉花，沾一点酒精，把酒精点燃；用另一只手倒拿玻璃杯，用点燃的棉球，烘一烘杯内的空气，再迅速地把杯子倒扣在清水里，杯内的水面也会拔高。

这是什么道理？

这两种办法都是先把玻璃杯内的空气加热，使杯内空气膨胀密度变小。这时杯子扣在水中，等到杯子冷却以后，杯内空气的温度降低，杯内空气的压强减小，在杯外大气压强的作用下，杯内的水就要升高。

✤ 迷你光电幻影 ✤

光、电与人类的生活息息相关。光是人类生活的基础，如果没有光，毫无疑问，所有的人类都将无法生活。电在现代人的生活当中也占有非常重要的作用。如果突然停电了，那么，人们将无法正常生活，所有的工作和学习几乎都要因此停止了。所以，对光、电进行研究是非常必要的。

光是一种人类眼睛可见的电磁波。它是由一种称为光子的基本粒子组成的。光可以在真空、空气、水等透明的物质中传播。光在真空中的速度为 30 万千米/秒，光从太阳到地球只需 8 分钟。

在现实中，光分为人造光和自然光。自身发光的物体称为光源。光源分冷光源和热光源。冷光源指发光不发热（或发很低温度的热），如萤火虫等；热光源指发光发热，如太阳等。

电是像电子和质子这样的亚原子粒子之间的产生排斥力和吸引力的一种属性。它是自然界 4 种基本相互作用之一。

电或电荷有 2 种：我们把一种叫做正电，另一种叫做负电。通过实验，科学家们发现带电物体同性相斥、异性相吸，其吸引力或排斥力遵从库仑定律。

"电"是个一般术语，包括了许多种由于电荷的存在或移动而产生的现象。这其中有许多很容易观察到的现象，像闪电、静电等；还有一些比较生疏的概念，像电磁场、电磁感应等。

认识光源

在前，我们已经提到了光源的定义。自身发光，且能持续发光的物体叫作光源。一般情况下，人们将光源分为天然光源和人造光源。天然光源是指自然界中本来就存在的光源，如太阳、火焰、闪电、萤火虫等。人造光源与天然光源相对，它是指自然界中本来不存在，人类经过科学研究和实验，制造出来的光源，如点燃的蜡烛、发光的电灯、激光束等。

在这里，我们还需要强调一下，有些物体，比如月亮，本身并不发光，而是反射太阳光才被人看见的，所以月亮不是光源。而人造光源一定要是正在发光的物体。下面，让我们来做几个有趣的小实验，进一步认识光源吧！

制作光源

在进一步研究光以前，我们需要制作几个特殊装置。这个小活动将会告诉你怎样用很简单的材料来制作一个光源。

打开皮鞋盒盖，在盒子上开一个窗口。

让盒口朝下放置。

沿虚线剪下

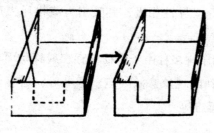

在鞋盒子上开一个窗口

盒口朝下放置

从盒盖上剪下一块硬纸板，它应比盒上的窗口稍大些。这块硬纸板应能把窗口完全遮住。

从盒盖上剪下两条硬纸片，用
胶带纸把它们粘在窗口的外沿，这
样，硬纸板可以从切口间插下去
（把盒盖保存好，后面还要用到）。

然后，在硬纸板上剪一条狭缝。

打开手电筒，把它放入盒子里，
让它正对窗口。把盒子的前半部分
放在一张白纸上。要是你在房间的暗处，
你就会看到一束光照在白纸上。

现在你有了一个可以产生一束白光的
盒子，我们把它叫做光匣。

光和眼睛

研究眼睛各部分是怎样工作的。眼睛
的主要部分之一是晶状体。为了帮助你理
解更多有关晶状体的知识，这个小活动的
第一部分演示光是怎样穿过不同形状的透
镜的。

首先使用中间凸起的透镜（凸透镜），
把透镜放在光匣的前面，这样就有 3 束光
穿过它。

当光束穿过透镜从另一边射出时，光束有什
么变化？画一张图表示。

再用另一种透镜（凹透镜），把它放在光匣
前面。这时，光束发生什么现象？画一张图
表示。

仔细观察图"眼睛的结构"，我们不是从正
面观察，而是从侧面观察。

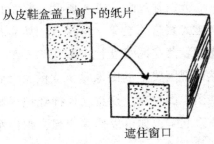

从皮鞋盒盖上剪下的纸片

遮住窗口

用纸片遮住窗口

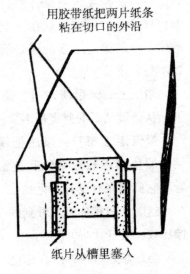

用胶带纸把两片纸条
粘在切口的外沿

纸片从槽里塞入

把纸片从槽里塞入

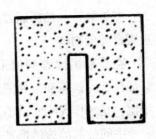

在纸片上剪一条狭缝

光线穿过瞳孔进入眼睛，眼睛里的晶状体把光线进行会聚，这样我们所看见的物体图像就落在视网膜上。视网膜就像一幅屏幕，然而视网膜上的图像是倒立的，大脑再把这些图像倒过来、摆正。视神经把眼睛和大脑联系起来，你可以作一个像，跟你眼里形成的像一样。

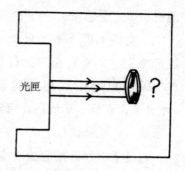

三束光穿过光匣

背对窗口站好，手拿一张白纸放在前面。开始时，透镜靠近白纸，然后把透镜慢慢向窗口移动，直到你看见在纸上有一个很清楚的像。窗的像是正立的还是倒立的？像比窗口本身大还是小？

当纸上的像很清楚时，请你的伙伴量一下，从透镜到纸的照离是多少？

慢慢走近窗口，设法把像捕捉到纸上，请你的伙伴不断测量纸和透镜之间的距离。看看它们到底有没有变化？

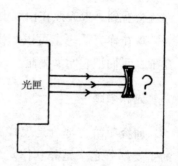

使用凹透镜

这时的像跟你刚才看到的像比较，有变化吗？

当你靠窗口很近时，你会发现要在纸上获得一个清楚的像，就会变得更困难了。为什么？把纸放下，然后通过透镜观察窗外的物体。

在透镜里你看到像了吗？它像什么？这像和窗外的物体

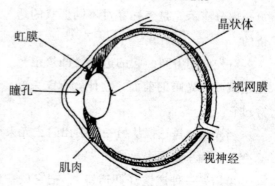

眼睛的结构

相比，是一样大吗？是小了还是大了？它是正立的还是倒立的？

中间凸起的透镜把光束会合成一点，我们把这个过程称作聚焦。中间凹下的透镜正相反，它使光束发散。眼睛里的晶状体在中间凸起，它能够会聚进入眼睛的光线。一个放大镜也是一个会聚透镜，正像眼睛里的晶状体一样，它能在屏幕上形成一幅像。由放大镜形成的像跟眼睛里视网膜上的像一样都是倒立的。如果放大镜离开窗口的距离不同，那么透镜跟屏幕上的像之间的距离也会稍稍变化。要是你通过透镜看东西，你可以看到一个倒立的像。

光的传播

光在同一种均匀介质中是直线传播的，但当光遇到另一介质时方向会发生改变，改变后依然沿直线传播。而在非均匀介质中，光一般是按曲线传播的。

光是沿前后左右上下各个方向传播的，光的亮度越亮，越不明显看出；当光亮度较暗时，由发光体到照明参照物的光会扩大，距离越远，扩散的越大，由最初的形状扩散到消失为止。而当发光体离照明参照物零距离时，光的形状是发光体真正的形状大小。所以，光传播的方向与光的亮度、光与照明参照物的距离有关！

光走直线

在一般情况下，光是沿直线前进的。我们可以做两个实验证明一下。

找2张和书一样大的硬纸片，在它们的中心处各扎1个小孔。两手各拿一张纸片，一前一后地举在眼前，让眼睛透过两个小孔去看电灯或蜡烛的光亮。

你会发现，只有当眼睛、两个小孔及光源（发光的物体）在一条直线上时才能看见光源。只要有一样偏离这条光线，就看不见。

找2支同样粗细的铅笔，把它们一前一后地举在右眼前面。保持它们同，右眼在一条直线上，然后闭上左眼，让右眼看铅笔。

你会发现，你只能看到离眼近的这一支铅笔；而另一支铅笔所反射的光，被眼前这一支挡住了。

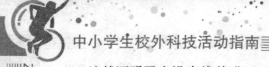
这就证明了光沿直线前进。正是光的这种特性，使它碰到障碍后，就要被反射回来。

铅笔变弯了

这一个实验，要提到光的另一个重要性质——折射。将一支铅笔放在盛满水的玻璃杯里，从侧面看去时，铅笔变弯了（在水面处）；从顶上看去或把铅笔取出时，它仍然是直的。

这是因为光在空气中的传播速度为30万千米/秒，而在水中的速度只有空气里的3/4。这样一来，当光从稀疏的空气里进入浓密的水中时，就改变了前进的方向，使它在分界的水面处发生了弯曲。科学上把这种现象叫做光的折射。

因为光线的弯曲，才给你造成铅笔弯曲的印象。

光线在一种介质（譬如空气或水）中运动时是沿直线传播的；而当它从一种介质（譬如空气）进入另一种介质（譬如水）中时，就会在分界面处产生折射现象。

阳光射到地球上之前，要经过大气层。其中一部分反射回到宇宙空间，使星际旅行的人在遥远的太空里能看见发亮的地球；另一部分折射到地球表面。我们看到的太阳光是经过大气层折射后射到地球上的，因此，我们所看到的太阳位置比实际位置偏离了一段距离。这是天文学家计算和测定星球准确位置时所必须考虑的。

射线照相

如果你有一块夜光表，就能做一个利用放射线给物体照相的实验。

用包照相纸的黑纸，糊一个5厘米见方的小纸袋。在暗室中，从未曝光过的135胶卷上剪下3厘米长的一段。将胶片装入小纸袋内，用胶水封好口。

应特别注意不能让胶片曝光。然后，回到卧室，把小纸袋平放在书桌上，取一枚回形针平放在小纸袋的中央。再在回形针上面压上夜光表，表面要朝下。

这样放两三天后，再到暗室里把胶片从小纸袋中取出，进行显影、定影。你会看到胶片上有一个回形针的投影，这就是夜光表上的夜光粉放出的射线给回形针照的相。如果实验时能把表的有机玻璃面罩取下来，胶片上留下的回形针投影会更清晰。

我们知道，普通照相是利用自然光线使胶片感光的，而自然光是无法穿透黑纸的。但是，夜光表上的夜光粉里，掺有微量的镭化合物。镭会自发地放射出一种人眼看不见的微粒，正是这种微粒组成的射线穿透了黑纸，使小纸袋内的胶片上留下了回形针的"倩影"。当年，正是由于包在黑纸里的胶片莫名其妙地被感光，才引起了科学家的兴趣和研究，最终发现了放射线。

夜光粉中的镭发出的微粒和夜光粉中的其他物质分子碰撞时，会产生微弱的闪光。由于这种碰撞极其频繁，所以这些间断的闪光看起来就像一个稳定的光源，但我们还是有办法从中看到频频的闪光的。

在暗室中，连红灯也别亮；或在晚上把卧室里的门缝和窗都遮得严严实实的。先让自己的眼睛适应这黑暗的环境，然后，把事先准备好的高倍放大镜（如修钟表人用的放大镜或显微镜、望远镜上的目镜），对准夜光表上的夜光粉仔细观察，你便会看到许许多多微弱的闪光，犹如在黑色的天幕中闪闪发光的焰火一般，煞是好看。每一次闪光都表明有一个微粒从镭原子核中放射出来。不论春夏秋冬、白天黑夜，这种闪光都不会停止。

立体观察器

你可以不花钱就做好一个立体观察器，它可使你的眼睛利用视觉表演一番特技。

用铅笔和尺子在一张薄纸板正中画上一个简单的十字框。框边应约长5厘米、宽1厘米多，掏空十字框，留下方纸板。

去掉十字框后，将纸板成直角立放在一张画图或照片前。眼睛向下，通过十字开口看图（拍摄的建筑物照片，效果最好），几秒钟后，平面图像变得具有立体感。如果你希望观看立体头像，这自制的观察器就能使你如愿以偿。

弯曲光线

把糖块放到盛有很多水的玻璃容器中，不加搅拌，一股很细的强光束水平地射入容器后，被折向容器底，而后又从底面反射向上，不断地弯曲，最后又水平地射出容器侧壁。

光向来都是直线传播的，为什么会弯曲呢？

原来，糖块放入水里后，一时来不及溶化。容器底部的糖块积得最多，折射率的改变自然也最大。这样，就造成深度不同折射率不等的情况。

细光束进入容器后，据折射定律可知，光线偏折向下。由于折射率随深度变大，故而越往下，光线弯曲得越厉害。当光线抵达底部后，又被反射向上，再次不断地被弯曲，但是弯曲得越来越慢。

大家动手试一试，这个实验很简单，怪有趣的，不是吗？

针孔眼镜

找 2 个直径 30 ~ 40 毫米的软塑料瓶盖。用烧红的针尖，在瓶盖中间扎 1 个小孔（直径约 1 毫米）。再在瓶盖两侧各扎 2 个小孔，用线穿起来就是一副眼镜。

戴上这副眼镜，便能看清楚周围的一切。奇怪的是，不管是 300 度、500 度的近视眼，还是远视眼，戴上它都能看清楚物体。这是怎么回事呢？

这是运用了小孔成像原理。当光线通过小孔后，不管光屏远近，成像总是清晰的。人眼睛的视网膜，就好像是个光屏，一般情况下近视眼的人，成像在光屏之前；远视眼的人，成像在光屏之后。成像不在光屏上，所以看不清楚。加了小孔之后，不管近视远视，都能在视网膜上成像了，所以看得清楚了。

头发丝的影子

太阳光下，粗大的电线杆子可以形成清晰的影子，比较细的铅笔也有自己的影子，一根头发丝呢？很可怜，却留不下影子。

为什么会这样呢？可以做一个实验。

晚上，你拿一根头发放在白纸上，走到白炽灯下，可以看到头发比较清晰的影子。而走到日光灯下，头发的影子就非常模糊了。白炽灯和日光灯的差别之一，就在于发光面积不同。

白炽灯只有灯丝发光，可以看作一个点光源，而日光灯却是整条灯管发光，发光面积比较大。太阳也是发光面积大的光源，所以无法给头发留下影子。

请你想个办法，使头发在太阳光下也能照出清晰的影子来。有两个办法：

（1）使用凸透镜，把平行的太阳光聚合在一点，以这个小光点为光源，能照出头发的影子。

（2）拉上玻璃窗前的窗帘，在两片窗帘之间留一个洞，只让一束太阳光线射进来。这样，也可以把这一束平行光看作是点光源发出的。把头发放到这束太阳光下，就能看到清晰的影子。

有色的霜

在寒冷的冬天，窗户上常有霜。霜是水的结晶体组成的。如果在窗台上有一个霜溶化后形成的小水坑。当你注视水坑时，会发现水坑上方玻璃窗霜图案的映像居然有颜色。冰晶体仍是无色的，请问，它在水中的像怎会有色吗？

为了看见玻璃窗上霜的颜色，你可在被霜覆盖的玻璃两边各放一块偏振片。为什么这样就能看见颜色呢？

之所以会出现上述情况，是因为冰是一种双折射材料。大家知道，双折射材料中有一个快轴和一个慢轴。如果光平行于慢轴偏振，则折射率较高；如果光平行于快轴偏振，则折射率较低。当射出的光线碰到一块偏振片时，它能否穿过偏振光，这是由光的偏振轴和滤光片的偏振轴的相对取向决定的。

双折射材料对光偏振的影响取决于3个因素：沿快轴的折射率、材料的厚度和光的波长。如果让白光通过双折射材料及其两侧安放的滤光片，虽然白光是直接射入第一块偏振片的，但由于又透过第二块偏振滤光片，因而能看见的只是某些波长的光。如果转动两块偏振片或双折射材料，则从第二块滤光片发出的颜色会变化。

因此，在被霜覆盖的玻璃两侧各放一块偏振片时，所有具有合适厚度的取向的晶体都会引起颜色的变化。不过，光轴和视线平行的晶体不会产生颜色，因为这一晶体不会发生双折射现象。

通过水坑而不是通过偏振片，为什么也可看见霜的颜色呢？这是因为，从天空来的散射光可能发生强烈偏振。如这样的光照射窗子，就不需要用第一块偏振滤光片。若光通过霜，然后从水坑中反射，就能起到第二块偏振滤光片的作用，因为反射能引起偏振。

这样，当你注视窗台上霜溶化成的水坑时，就能看见水坑上方玻璃窗上的霜抹上了色彩。

人造彩虹

夏季，雨后初晴时，天空常常出现一条绮丽缤纷的长虹。"谁持彩练当空舞？"这红、橙、黄、绿、青、蓝、紫七色彩带是怎样产生的呢？

在一个阳光充足的窗台上放一杯水，使阳光透过杯子照射到地板上的一张白纸上，看看纸上，有什么现象发生？

在明亮的阳光下放一盘水，将一面镜子竖立在盘边并对着一面墙。看看墙上，产生了什么？

在一间暗室里，用手电筒照射一块三棱镜或一个玻璃奶瓶。注意墙上，产生了什么？

当光线以某一角度透过玻璃或水时，就产生了折射。白光里实际上含有7种不同颜色的光，它们折射的本领不同，产生不同的弯曲。紫色光弯曲最厉害，红色光弯曲最轻微，其他颜色的光介于中间。因此，当它们从玻璃或水中射出时，以不同方向前进而分开。所以，在上面三个实验中，你都能看到白色阳光被分离成五颜六色，这就是人造彩虹。

雨后，天空里存在大量的小水珠，它们使阳光产生弯曲，形成了天然彩虹。

奇怪的酒杯

拿一个高个的细酒杯。取出一张 1 寸小照片，剪去边角放入杯中。再找一个与照片大小差不多的凸透镜片，也放入酒杯中。

凸透镜凸面朝上，照片有人像那一面也朝上。这时，你端起酒杯，会发现杯底里什么也没有（只有凸透镜，看不到照片）。请问，这是为什么？

现在，用一个透明塑料袋装水，放入酒杯中，再往杯底看。这时，你将看到照片上的人像。请问这又是为什么？

塑料袋只是为了防止水把照片装湿，亦可不用。

利用光学原理，就可以破解上述杯中之谜。原来酒杯里的凸透镜焦距很短，只有 4 毫米，把照片放在 4 毫米稍远的地方，通过透镜就看不到这张照片。

这是因为通过透镜看照片，照片与透镜的距离必须比焦距短，才能看到放大的虚像。在这个酒杯里，照片与透镜的距离比焦距长，就看不到照片的像了。

酒杯里倒进水或酒以后，水或酒与凸透镜形成了一个凹透镜。这样，酒杯里就有了 2 个透镜，一个是玻璃凸透镜，一个是水或酒形成的凹透镜。这两个透镜组成新的凸透镜，焦距拉长了，比如说达到 5～6 毫米，这时，通过透镜就看到了照片。

手指变多

一般人，一只手有 5 个手指，但这个实验可以突然使你的手指多起来。你相信吗？实验方法是在晚上打开电视机，然后把屋子里的灯都关掉，只剩下电视机发光。张开手的五指在电视机的屏幕前快速地晃动，这时你会发现手上的手指变多了，可能是 6 个，也可能是 7～8 个，手掌晃得越快，手指的数目越多。

这个实验也可以在屋里只有日光灯照明的情况下做。以白墙为背景，晃动你的手指，可以有同样的效果。在大街上对着只有日光灯照明的橱窗做这个实验效果更好。

上述实验中，也可快速晃动一根细木棍，你可以看到木棍像打开的一把扇子，手握处是扇子轴所在地方。

如果在阳光或白炽灯下做这些实验，就看不到如此的效果，这是为什么？

这个实验向我们揭示了一个秘密，这就是电视屏幕和日光灯发出的光是闪烁的，电视屏幕在1秒中要闪烁50次，也就是亮灭50次；日光灯则在1秒中亮灭100次。

平时我们在日光灯下看书或其他静止的物体时，没有闪烁的感觉是因为人的眼睛有视觉暂留，我们看到的东西可以在眼睛的视网膜上保留0.1秒左右，在日光灯灭了的一瞬间，我们的视网膜上还保留着前面亮时的痕迹，灯亮后被看的东西还在同一个地方，所以我们不会感到灯光的闪烁。

针刺火柴

在一张桌子的角上，用厚书本竖立一根火柴，横卧一根火柴。

然后，手拿一枚大针，伸直手臂，沿着火柴杆方向，用针去刺火柴头。经过几次对比试验后，你会发现：针刺竖立的火柴，容易刺中；针刺横卧的火柴，不容易刺中。转动厚书，使横卧的火柴，指向脸部，就更不容易刺中了。

再闭上一只眼睛试试，准确性更差了。这是为什么呢？

视觉的立体感是由双眼的"视觉差异"产生的。人的双眼在一个水平线上，对竖立火柴的视觉差异大，立体感强，容易判断火柴的位置，自然容易刺中火柴；对横卧火柴的视觉差异小，立体感弱，难以判断火柴位置的远近，就不容易刺中。闭上一只眼睛，双眼视觉差异消失了，所以就更难刺中。

杯底硬币

将一枚硬币投入装水的玻璃杯。你先把头摆正，用双眼看，就会感到硬币处在与它的实际深度不相符的地方。你所看到的硬币的水平距离是不是也发生了变化？

如果你用一只眼睛看，情况是不是一样？为什么？

杯底硬币发出的光线射出水面时，在水和空气的分界上发生折射，折射线偏离原来射出的方向而靠近水面。观察者感觉到的物体位置，是进入双眼的两束光线的交点。因此，你会误认为光线是在比实物高的某一位置发出来。

用一只眼看时，只要方才两眼处于相同高度，情况一样。但是，如果把头向左或向右偏转一个角度进行观察时，则你所感觉到物体的位置，不仅比实际位置高，而且还向你移近了一些。

当你选择某一合适的角度（从水面斜上方）去看装有硬币的玻璃杯时，在水面上可以看到硬币的像。如用干手紧贴玻璃杯外壁，则水面上的硬币没有什么变化；如果换一只湿手，则像就消失了。

这是怎么一回事？

原来，杯底硬币发出的光线，一部分在对面的杯壁上发生反射，而其中又有一部分改变方向向上，再在水面发生折射。这样，只要你选择到某一角度去观察硬币，就能在水面上看到硬币的像。

湿手紧贴玻璃杯外壁时，手和杯壁间隙被水填满，因为水的折射率和玻璃近乎相等，所以，硬币的光线几乎全部没有反射，在水面上也就看不到硬币的像；当干燥的手贴杯壁时，对于内部的影响很小，水面上仍有硬币像。

研究静电

在干燥和多风的秋天，在日常生活中，我们常常会碰到这种现象：晚上脱衣服睡觉时，黑暗中常听到噼啪的声响，而且伴有蓝光；见面握手时，手指刚一接触到对方，会突然感到指尖针刺般刺痛，令人大惊失色；早上起来梳头时，头发会经常"飘"起来，越理越乱，拉门把手、开水龙头时都会"触电"，时常发出"啪、啪"的声响，这就是发生在人体的静电。

静电是从哪里来的呢？物质都是由分子构成，分子由原子构成，原子中有带负电荷的电子和带正电荷的质子构成。

在正常状况下，一个原子的质子数与电子数数量相同，正负平衡，所以对外表现出不带电的现象。但是电子环绕于原子核周围，一经外力即脱离轨道，离开原来的原子而侵入其他的原子。原来的原子因缺少电子数而带有正电现象，称为阳离子；被侵入的原子因增加电子数而呈带负电现象，称为阴离子。

造成不平衡电子分布的原因即是电子受外力而脱离轨道，这个外力包含各种能量，如动能、势能、热能、化学能……

在日常生活中，任何两个不同材质的物体接触后再分离，即可产生静电。

静电喷泉

在桌子上面放一块塑料板，板上再放一只装满水的白铁皮桶。取一根尖嘴玻璃管（尖嘴直径约0.3毫米），平的一端插入橡皮管中；将橡皮管灌满水后，橡皮管的另一头放入白铁皮桶内的水中，利用虹吸现象，一股水流即从玻璃尖嘴中射出。

再用导线将白铁皮桶连接到感应起电机的一个电极上。接着，摇动感应起电机。这时，就可以看到从玻璃管的尖嘴处射出一股美丽的"喷泉"——"静电喷泉"。

这时，如用灯光照射，效果会更好。如果你不停地摇动感应起电机，并请别人用一支点燃的蜡烛火焰去烧尖嘴前的水流时，"喷泉"顿时消失而又成为一股细水流；当点燃的蜡烛从水流旁移开时，水流就又变成"喷泉"了！这是怎么一回事呢？

原来，由于静电感应，使桶和桶内的水都带上了大量电荷，当水由尖嘴中射出时，由于同性电荷互相排斥，水滴流也会排斥，这样就形成了向四周散开的喷泉。

火焰会把空气分子电离成许多正离子，再与水中的电荷相互中和，"静电喷泉"便随之消失。

报纸生电

把一张干燥的报纸铺在塑料贴面或有玻璃板的桌面上，用一小块的确良织物用力地在报纸上摩擦半分钟，使报纸带上大量电荷。把一块食品罐头上的圆铁片放在报纸中央，然后用双手把报纸提起来。这时，不论是谁，只要用手指很快地接近圆铁片，在指尖和圆铁片之间就会产生一个美妙的火花。

改用尼龙布和羊毛织物做同样的试验，可以比较出哪种物质能使报纸积累更多的电荷。

在干燥的天气里，用一张烘烤过的干报纸来做这个试验，效果最好。甚至可以产生 3 厘米左右长的火花。

这就是摩擦起电现象。近代科学告诉我们：任何物体都是由原子构成的，而原子由带正电的原子核和带负电的电子所组成，电子绕着原子核运动。在通常情况下，原子核带的正电荷数跟核外电子带的负电荷数相等，原子不显电性，所以整个物体是中性的。原子核里正电荷数量很难改变，而核外电子却能摆脱原子核的束缚，转移到另一物体上，从而使核外电子带的负电荷数目改变。当物体失去电子时，它的电子带的负电荷总数比原子核的正电荷少，就显示出带正电；相反，本来是中性的物体，当得到电子时，它就显示出带负电。

静电除尘

取一直径约 5 厘米，长约 30 厘米，两端开口的玻璃圆筒。用铝芯导线在圆筒外面等间隔地绕上 15 ~ 20 匝。取一根将近 30 厘米长的直裸铜丝，一块面积比圆筒口略大的硬圆纸片。

在圆纸片中央开一个直径略小于铜丝外径的小孔。让铜丝穿过小孔，把圆纸片盖在玻璃筒上，并使直裸铜丝处于玻璃筒的轴线上。

把玻璃筒竖直地固定在铁架台的水平夹子上。然后把铝芯导线和铜丝的一端，分别接到感应起电机的正、负极上。

再找一小块废橡胶，轻轻按在图钉的针尖上。先用火柴将橡胶点燃，然后吹灭，再把它移到玻璃筒的下端，使冒出的白烟冉冉上升到玻璃筒中。待白烟充满玻璃筒后，摇动感应起电机，顷刻之间筒中白色的烟雾就消失了。

让起电机两极接触放电。再把圆纸片剪成1厘米宽的纸条，放回圆筒上端口，仍使直裸铜丝处于玻璃筒的轴线上。摇动起电机，你可发现，尽管橡胶仍然在冒白烟，但却看不到有白烟从玻璃筒的上端开口冒出。这就是"静电除尘"现象。仔细观察可以发现，原来干干净净的玻璃筒内壁上，积聚了斑斑点点的灰尘。

以煤为燃料的工厂、电站，每天排出的浓烟带走了大量的煤粉，不仅浪费燃料，而且还造成了严重的环境污染。利用静电除尘原理，使烟囱里的煤粉带负电，吸附到带正电的烟囱内壁上，这样排出的烟就清洁了，收集起来的煤粉还可再利用，真是一举两得。

奇妙的闪光

把钢笔笔杆的尾部在头皮上用力摩擦几下，就能吸起桌上的小纸片。同学们都知道，这是摩擦起电的缘故。可你是否想过，带电体为什么能吸引轻小物体呢？原来，当带负电的笔杆靠近时，小纸片上离笔杆近的一端会出现正电荷，而远的一端会出现负电荷，这种现象叫静电感应。

由于正、负电荷相互吸引，小纸片就被吸到笔杆上了。其实，利用摩擦起电和静电感应不仅能吸引轻小物体，而且还能使日光灯管一次又一次地发出明亮的闪光呢。不信？好，我们就来做这个实验吧。

桌上平放着一块面积较大的"塑料王"平板，用一块丝绸紧贴平板表面用力摩擦多次，再将一个带有绝缘柄的圆形铝板平放到平板上。手握8瓦日光灯管的一端，将灯管另一端的两个金属接线柱接触铝板，日光灯管便发出一次明亮的闪光。然后，左手握绝缘柄提起铝板，右手用同样的方法使日光灯管下端接触铝板，日光灯管又一次发出明亮的闪光。

奇妙的是，不必再用丝绸去摩擦平板，只要把铝板再次平放到平板上，接着再一次提起脱离平板，将日光灯管下端的接线柱接触铝板，就会发出一次闪光。如果房间里空气干燥，日光灯管就可闪光好多次。

原来，平板和铝板的表面都很粗糙，铝板虽然平放在平板上，但除了为数很少的点相互接触外，其余的都处于未接触状态。平板经丝绸摩擦后带负电，由于塑料王的绝缘性能极好，平板上的电荷之间能相互绝缘。这样，就使铝板靠近平板的一面感应出正电荷，而装有绝缘柄的一面感应出负电荷。

当日光灯管的下端接线柱碰到铝板时，灯管两端的电压高达几千伏，日光灯导通，就发出明亮的闪光。当铝板上的负电荷通过灯管和手全部流入大地后，闪光便停止。此时铝板靠近平板的一面仍带有正电荷。提起铝板后，由于远离了平板，感应现象消失，铝板上的正电荷使和它接触的日光灯管两端仍有几千伏电压，再次导通发出闪光，直到正电荷全部流入大地。当铝板再次平放到平板上时，由于静电感应，铝板的两面又出现了正、负电荷，于是上述过程又可重复发生。

日光灯闪光时两端有几千伏特电压，人会有危险吗？不会。由于通过人体的电流很小，握日光灯管的手并没有什么异样的感觉。你可做一个简单的实验试试。

拿一个玻璃杯在火炉上烘一会儿后放在桌子上，玻璃杯上放一块金属板（找个易拉罐，剪开后压平就可用了），把一个吹得鼓鼓的气球在毛衣上使劲摩擦几下后放到金属板上。现在，请你伸出右手食指靠近金属板边缘，当食指离金属板边缘 1～2 厘米时，便有火花闪现。这火花释放了也带有几千伏高压的电荷，可你并没触电的感觉，对吗？

电的导体

导体是容易导电的物体，即是能够让电流通过的材料；不容易导电的物体叫绝缘体。物质存在的形式多种多样，固体、液体、气体、等离子体等等。

导体依其导电性还能够细分为超导体、导体、半导体以及绝缘体。我们通常把导电性和导电导热性差或不好的材料，如金刚石、人工晶体、琥珀、陶瓷、橡胶等等，称为绝缘体；而把导电、导热都比较好的金属如金、银、铜、铁、锡、铝等称为导体。可以简单地把介于导体和绝缘体之间的材料称为半导体。

在金属中，部分电子可以脱离原子核的束缚，而在金属内部自由移动，这种电子叫做自由电子。金属导电，靠的就是自由电子。

与金属和绝缘体相比，半导体材料的发现是最晚的，直到 20 世纪 30 年代，当材料的提纯技术改进以后，半导体的存在才真正被学术界认可。

水果发电

取一个熟一点的苹果，把一根铜丝和一把小刀插入苹果 2～3 厘米深处，使铜丝和小刀相距 1 厘米左右，不要相碰。

把耳机引线的一头接到铜丝上，另一头跟小刀断断续续接触，你就会听到耳机里发出"咔咔"的响声。

放下耳机，另取两根导线分别和铜丝、小刀相连，再把它们的另一头放到你的舌头上，但不要让它们相接触。这时，你的舌头就会有异样的感觉。这都证明苹果产生的电流通过了耳机和你的舌头。

把苹果换成西红柿、柠檬，重复上述实验，你可发现它们都能产生电流。

你可能会说"这么小的电流，连小电珠都点不亮，不带劲。"那好，咱们来做个"大电池"，把小电珠点亮。

取 12 个大一点的土豆、12 块锌片和 12 块铜片。锌片可用旧电池的外皮剪成。若没有铜片，可用细铜丝密绕在小木片上来代替（如果铜丝是漆包线，那要把漆皮刮净）。在每个土豆上间隔 1 厘米插入 1 块锌片和 1 块铜片。然后用导线依次把一个土豆上的铜片和另一个土豆上的锌片连接起来。

现在，把头尾两个接头接到 1.5 伏的小电珠上，你瞧，小电珠亮了。

其实，不仅水果、蔬菜能产生电流，连冷热温度差异也能发电呢。取 2 条粗一些的铜丝和 1 条铁丝，长度 30 厘米左右。刮净每条铜丝两端的绝缘漆，然后把铁丝的两端分别与两根铜丝的一端紧紧铰接在一起。用导线把两根铜丝的另一端，分别与灵敏电流计的两个接线柱相连。

现在，把铁丝的一个接头放到盛有冰水混合物的烧杯里，保持低温；另一个接头放到酒精灯的火焰上加热，升到很高的温度。这时，电流计的指针发生明显的偏转，说明电路中产生了电流。

这一现象引起了科学家们极大的兴趣，进一步的实验证明，产生的电流大小与连接的两种金属的性质，以及两个连接点的温度差有关。因此，这种现象很快被用来测量温度，做成了灵敏度极高的温度计。科学家们还在研究利用海洋表面和深层的温度差，建设温差发电站呢。

有趣的是，如果把电流计换成电池组，两根铜丝的另一端通过导线分别与电池组的两极相连。那么，原来热的接头就会放出热量，温度降低；原来冷的接头就会吸收热量，温度升高。这一现象已被科学家们用来制成制冷器。

火柴"点"电灯

人们常用火柴点燃油灯、蜡烛、煤气灶等。其实，还可以用火柴"点亮"电灯。

取一支长约 10 厘米的普通铅笔，用小刀细心地将其木质笔杆剖开。小心，别割破了手。取出铅笔芯，用导线把它和一节 1.5 伏的干电池、一只额定电压为 2.5 伏的小电珠串联成电路。为了保证接触良好，可把干电池、小电珠放在焊有引出导线的电池盒和装有接线柱的灯座上。连接铅笔芯的导线应在笔芯上绕 3~5 圈。

先把和小电珠相连的一根导线沿铅笔芯移到和另一根导线相距 1 厘米的位置上，此时小电珠较亮。然后，向远离另一根导线的方向缓慢移动第一根导线，可以看到随着两根导线间距离的增大，小电珠逐渐变暗。等小电珠刚好熄灭时，就停止移动导线。

现在，划燃一根火柴，并用火柴的外焰加热两根导线之间的铅笔芯。你可以发现，随着铅笔芯温度的升高，本来已熄灭了的小电珠逐渐变亮了。火柴熄灭后，它又慢慢变暗，直至熄灭。这是为什么呢？

原来，铅笔芯是一种导体，其电阻随着长度的增加而增大。所以，当两根导线间的距离增大时，电路中的电流强度减小，小电珠变暗，最终熄灭。但是，导体的电阻还和温度有关。对一定长度的铅笔芯来说，温度越高，电阻越小。

所以，当用温度很高的火柴外焰加热铅笔芯时，电路中的电流强度又由小增大，导致小电珠由暗变亮。火柴熄灭后，铅笔芯温度降低，电阻增大，使小电珠重归熄灭状态。

对金属导体来说，温度升高，电阻增大。所以，火柴不仅能"点燃"电灯，还能"熄灭"电灯呢。

找一只已不会亮的100瓦白炽灯泡，敲碎玻璃，取下其中的灯丝。把灯丝小心地接在接线板的两个固定接线柱上。再用导线把它和一节1.5伏的干电池、一只额定电压为2.5伏的小电珠串联。此时，小电珠发光。

划燃火柴，用其火焰顶部加热灯丝。你会发现，随着灯丝温度升高，小电珠逐渐变暗，直至熄灭。火柴熄灭后，小电珠又重新变亮。

温度对金属导体电阻的影响确实是很大的。以常用的40瓦白炽灯中的钨丝为例，不通电时电阻约110欧姆，加上220伏电压，正常发光时电阻是1200欧姆左右，相差10倍以上。当温度降低到接近−273℃时，电阻甚至会消失。这就是人们常说的"超导"现象。

在液体中放电

为了勘探海底石油资源，石油勘探工人利用在液体中放电作震源，使强大的冲击波传到海底下几千米甚至上万米，通过对接收到的反射波进行计算处理，便可了解海底的地质构造情况。下面这个小实验可让你观察到在液体中放电的现象，并了解它的威力。

取1个壁较厚的大口玻璃瓶，盛上3厘米高的蓖麻油或机油。取2个各焊有1根铜芯导线的鳄鱼夹，各夹1根缝衣针。

把鳄鱼夹的头部浸入油中，使两针尖间隔1~2毫米。夹子通过导线固定在干燥的塑料板或厚纸板下。为固定方便，焊在鳄鱼夹上的导线宜粗一些，或在厚纸板的小孔中再穿1支毛笔笔杆，用细线把导线缚在笔杆上。

现在把两根导线的另一端分别与感应起电机的两极相连。转动起电机，两极间的电压可达2万伏。这时，在油中的两根针尖之间出现了明亮的闪光，同时发出清脆响亮的爆裂声，随即在针间的油中浮起一个气泡。

这就是在蓖麻油中的放电现象。继续转动起电机，放电便连续发生，气泡也不断产生。把厚壁的大口玻璃瓶换成薄壁的烧杯，并使针尖靠近杯壁放置。针间放电时就会把烧杯壁震裂。原来，当电压足够高时，两根针尖间的蓖麻油由绝缘变成导电，而且在很短的时间被强烈加热，迅速膨胀；由于液体是几乎不可压缩的，因此就对周围物体产生很大的压力，造成较强的破坏。

人们从水中放电现象得到启示，想到了用在水中爆炸的方法来修复被碰瘪的水壶。

铝制水壶在使用中很容易碰瘪，由于一般水壶的口都较小，碰瘪后不易修复。现在简单了，买一个像筷子粗细、长约4厘米的鞭炮。把要修复的瘪壶灌满水（注意，水一定要灌得满满的）。找一张比壶口大一些的厚纸片，在纸片中心开一个直径比鞭炮略小一些的孔，把鞭炮紧插在孔里，使纸片的位置靠近鞭炮有捻的一端。把水壶放稳在地上，把插好鞭炮的纸片放在壶口上。注意，要让鞭炮的 1/2～2/3 浸在水中，但别让炮捻沾上水。迅速擦燃火柴，点着炮捻，随着"嘭"的一声爆炸声，瘪水壶就修好了。

如果水壶瘪得程度较轻，用1个较小的鞭炮就可以了。对瘪得严重的水壶，用2个3～4厘米长的鞭炮，爆炸2次，一定可修复。如果一时没有瘪水壶要修，可找一个用过的易拉罐，敲瘪一处，试试看效果如何。

也许有的同学要问，能不能用"水中放电"来修复瘪水壶呢？从理论上来说，能。但请你们别这样做。因为水是电的良导体，在水中进行放电，需通过高压电容和特殊的开关等装置进行，这是你们现有的实验条件难以办到的。即使把水换成蓖麻油，从操作方便和实际效果上来说，也还是没有用鞭炮在水中引爆的方法好。

热咖啡

当阳光几乎水平地照射满杯的热咖啡时，咖啡表面呈现出以暗线为轮廓，看上去灰蒙蒙的一些多边形，这种图案也能在其他蒸发着的流体中，以及在大气流和海洋环流中见到。

这种几何图案是怎样产生的？

咖啡杯里的图案，是由热水从杯底上升到表面，冷却后又回到底部的环流形成的。在上升的热水上面，有凝结的小水滴被液体表面的蒸汽压支托着。

因为液面的蒸汽压不能支托大水滴，而较小的水滴又会迅速蒸发，所以在液面上蒸汽压所能支托的水滴大小，基本上是一致的。在下降的冷水区域上，则没有这样悬浮着的水滴，所以呈现清晰的表面，由于咖啡是暗色的，所以这些区域也是暗色的。我们在液面上见到的是上升的热水区域上的水滴的斑纹。

如果用显微镜观察上升的热水区域，就会发现：它们好像由密集着的水滴层组成。水滴的密度与液体的蒸汽压和空气中的凝结中心的数目有关。例如，污染大气中的凝结中心较多，所以形成的水滴也较多。

那么，水滴是不是带电的呢？

如果用夹布胶木、塑料梳子梳头发（或一段毛线），梳子就带电。不管梳子带正电还是带负电，一旦靠近水滴后就破坏了明亮的热水上升的区域。

这说明，水滴是带有电荷的。

在明亮的白光照射下，水滴很快显示出迅速变化的各种美丽色彩。产生这些颜色的光散射，称为高阶丁铎尔散射。

这种散射的情况比较复杂。因为水滴的大小和可见光的波长差不多，约为 1 微米，介于能产生虹的大水滴和形成天蓝色的小水滴之间。

电磁感应

闭合电路的一部分导体在磁场中做切割磁感线运动，导体中就会产生电流。这种现象叫电磁感应现象。产生的电流称为感应电流。电磁感应现象是法拉第于 1831 年 8 月发现的。

电磁感应现象的发现，乃是电磁学领域中最伟大的成就之一。它不仅揭示了电与磁之间的内在联系，而且为电与磁之间的相互转化奠定了实验基础，为人类获取巨大而廉价的电能开辟了道路，在实用上有重大意义。电磁感应现象的发现，标志着一场重大的工业和技术革命的到来。事实证明，电磁感应在电工、电子技术、电气化、自动化方面的广泛应用，对推动社会生产力和科学技术的发展发挥了重要的作用。

铁钉变磁铁

找一个 10～12 厘米长的铁钉，把它放在火上烧红，再把它捂在沙里慢慢冷却，这叫退火。待铁钉凉透之后，把它靠近大头针，它对大头针没有一点儿磁力。然后，你左手拿着铁钉，一头对准北方，另一头对准南方，右手拿起木块，在钉头上敲打 7～8 下，你再把铁钉放进大头针盒里，它就能吸起一些大头针了。这说明，就这么敲打几下，铁钉磁化成磁铁了，虽然它的磁力不大。如果把它朝东西方向放好，再敲几下，它的磁力又会消失。

原来铁钉没磁化前，它内部的许多小磁体，杂乱无章，磁力相互抵消，所以没磁力。当你把铁钉朝南北方向放好，敲打它，内部的小磁体受振，在地磁的作用下，就会规矩地排列起来，铁钉就有磁性了。当你把铁钉朝东西方向放好，再敲打时，铁钉内部的小磁体又会变得乱七八糟，所以铁钉又没有磁性了。

使磁性加强

找 2 段约 50 毫米长的钢锯条，让它们吸在磁铁的同一磁极上，用锤子把其中一段猛击几下（钢锯条不能离开磁极），然后取下锯条，分别来吸小铁钉。结果，经过敲击的锯条，磁性明显增强。

另取 2 段锯片，也吸在磁铁的同一磁级上，将其中一段（不离开磁极）放在蜡烛火上加热半分钟，然后移开。用这两片锯条来吸小钉，显然，加热磁化的锯条，磁性大大加强。

加热、敲击，都能使分子"活跃"，因而在磁化时更容易在外强磁场作用下排列整齐，所以磁性就增加了。

简易电动机

用直径 0.4 毫米、长 2000 毫米的漆包线，在火柴盒上绕成 50 毫米 × 35 毫米的长方形线圈。两线头在线圈上扎几圈后，从线圈的同一面拉出，并处在同一直线上。

电动机的支架用 2 个曲别针弯成，然后固定在小木板上。把线圈放在支架上，它的一面朝下，刮光两线头朝下半边的漆。最后把磁铁固定在线圈的一侧。接通一节 1 号电池，线圈就能自动旋转起来；交换电池正负极，线圈又会自动变换旋转方向。

因为线圈两线头是从线圈的同一个面拉出的，所以线圈的重心不在转动轴上，这样的线圈，总是有一面朝下。由于朝下的那一面线头的漆是刮光的，所以接上电池，线圈就能转动。当然，后半圈线圈是靠惯性转过去的。

简易验电器

准备 1 个瓶子，1 根金属线，1 个塑料梳子，一些薄而软的箔条。

将金属线弯曲，挂在瓶口上；将箔条弯曲后挂在金属线上。然后，用力将梳子在羊毛织物或皮件上摩擦，再将梳子触到金属线上，箔的两端会张开。

我们知道，梳子因摩擦而带电，当它接近金属线与箔条时，就产生感应电场。因箔条的两端带有相同的电荷，互相排斥，因此两端会张开。

不过，如果空气湿度较高，这个实验就不能做。将各种材料在烘箱中烘一会儿，就可以做了。在有空调的房屋里，或者冬天有暖气的屋里较容易进行。

需要注意的是，箔条是用镀铝的薄膜制作的，镀铝的一面必须与金属线接触。

旋转的铝片

在软木塞中心反插一枚缝衣针，另外找一块平整的薄铝片或铜片，把它剪成圆形。小心地把圆片的圆心放在针尖上，使它保持平衡，并能沿水平方向转动。用一根 50 厘米长的细线，系住一块磁性较强的马蹄形磁铁，把它挂在离圆片的中心很近的位置，把磁铁拧转 30 圈左右后松开手，磁铁旋转起来，下面的圆片也沿磁铁旋转的方向滴溜儿旋转起来了。

这是因为磁铁旋转的时候，铝片受到旋转磁场的作用，产生感生电流，同时感生电流本身也产生磁场。磁铁的磁场与感生电流产生的磁场相互作用，结果就使铝片受力而转动起来。

巧认旋转的字

用卡片纸剪一个直径 30 ~ 40 毫米的圆片，上面写上你的姓，把玩具电动机轴插过圆纸片的中心，用一节电池使它高速转动。不管在阳光下还是灯光下（包括日光灯），你是无法看清圆纸片上的字的。

但是，你把电视机放在空频道上，并用深色布遮住上面大部分屏幕，下部只留约 10 毫米宽的窄缝时，在窄缝屏幕光的照射下，只要用手指摩擦电动机轴，调节转速到一定值时，就能看清楚圆纸片上的字了。有趣的是，字看上去是静止不转的。

原来，电视机的屏幕光，是一种每秒闪动 50 次的频率闪光，遮掉大部分屏幕，就使每一次闪光的持续时间变得极短，这就使字在眼中的映像不致因"视觉暂留"所模糊，只要圆纸片的转速和闪光频率一致，字看上去就是不动的了。

❧ 走进生物世界 ❧

生物学是研究生命的科学，是研究生命现象的本质并探讨生物发生、发展规律的科学，其目的在于阐明和控制生命活动，改造自然，为农业、工业和医学等实践服务。为了更好地服务人们的生产生活，所以世界各国都在努力培养生物科技人才。生物科技人才的培养应从小开始，在培养途径上，除了开设生物课以外，还应该在校内和社会上广泛开展生物科技活动。

开展生物科技活动在培养生物科技人才方面具有非常重要的意义。

开展生物科技活动可以完善学生的生物学知识结构。生物学的内容异常广泛，学校里的生物课只能讲授其中规律性的内容，对应用部分很少接触，学生也很少有观察操作的机会。生物科技活动则能更好地接触生物学的应用部分，而且可以进行大量观察和操作，弥补生物课的不足。这说明，在进行生物课堂教学的基础上，只有充分开展生物科技活动，才能完善学生的生物学知识结构。

开展生物科技活动不但可以完善学生的生物学知识结构，还可以形成学生的各种能力。生物科技活动内容丰富多彩、形式多种多样，无论是野外采集、调查和考察，环境监测和观测，田间、饲养场的种植和饲养，室内培养和观察，去科普单位、科研部门参观和访问，都需要反复进行观察、操作和分析，这就能使学生形成敏锐的观察能力、准确的操作能力和敏捷的思维能力，而这些能力正是一个科技工作者所不可缺少的基本素质。

由此可见，生物科技活动是广大热爱生物学的青少年必不可少的必修课。

认识植物的种子

种子是裸子植物和被子植物特有的繁殖体，它由胚珠经过传粉受精形成。种子一般由种皮、胚和胚乳三部分组成，有的植物成熟的种子只有种皮和胚两部分。种子的形成使幼小的孢子体枣胚得到母体的保护，并像哺乳动物的胎儿那样得到充足的养料。

种子的大小形状，颜色因种类不同而异。椰子的种子很大，油菜、芝麻的种子较小，而烟草、马齿苋、兰科植物的种子则更小。蚕豆、菜豆为肾脏形，豌豆、龙眼为圆球状，花生为椭圆形，瓜类的种子多为扁圆形。颜色以褐色和黑色较多，但也有其他颜色，例如豆类种子就有黑、红、绿、黄、白等色。种子表面有的光滑发亮，也有的暗淡或粗糙。造成表面粗糙的原因是由于表面有穴、沟、网纹、条纹、突起、棱脊等雕纹的结果。

种子大小的差异悬殊，各有其生物学上的意义。例如椰子的种子很大，每株结实数量有限，由于种子极易萌发，种子内又富含液体胚乳，营养充足，这样就可得到"重点保证"。而那些体积极小的种子，则以多取胜，虽然它们只有占总数很少的种子能够萌发，但仍可产生大量后代。许多一年生杂草植物，就是以这种方式进行大量繁殖的。

种子成熟离开母体后仍是生活的，但各类植物种子的寿命有很大差异。其寿命的长短除与遗传特性和发育是否健壮有关外，还受环境因素的影响。

为了进一步认识植物的种子，了解种子的特征，我们可以进行一些有趣的科学实验。

种子的生命力

检验种子是否有生命，方法很多，利用种子萌发的方法当然可以。但是，最简捷的方法是，看它是否在进行呼吸。

找一个大玻璃瓶，里面装些干燥的大豆、玉米或小麦种子，约占1/3容积。种子的上面再放一个开口的小玻璃瓶，小瓶里装点烧碱（氢氧化钠）

溶液。用软木塞或橡胶皮塞塞住大瓶口，在塞上打 1 个孔，装上 1 根弯曲的玻璃管或透明的塑料管。在瓶塞与瓶口之间、玻璃管与塞孔口接触处都抹上凡士林，以免漏气。把管的另一端插入水杯里，在水里滴上几滴红墨水，使水变红。装好后不要动它。过几天后，就会看到红色水沿着玻璃管不断上升，这是什么道理？

原来，种子的呼吸是吸收空气中的氧气，呼出的是二氧化碳。瓶内种子吸收了瓶内空气中的氧气，放出了二氧化碳。但是，它放出的二氧化碳被小瓶内的碱溶液吸收了。因此，整个大瓶里空气的密度变小，压力降低了。这样，大瓶内的气压比外界的气压小，水杯里的水就沿着玻璃管上升了。这就说明瓶内的种子有生命。反之，则证明瓶内的种子已经丧失了生命力了。

干燥的种子，呼吸是非常微弱的，一般情况下，生命力较持久。潮湿的种子呼吸较旺盛，容易失去生命力。另外，温度对种子的寿命也有直接影响，温度高，种子寿命短；温度低，种子寿命长。不同植物的种子，寿命也各不相同。例如，垂柳的种子成熟后，只在 12 小时内有发芽能力。也有些植物的种子寿命是很长的，如我国辽宁普兰店发现的古莲子，估计寿命有 1000 年以上，在北京植物园内发芽生长了。

种子和氧气

从上面的活动中，我们已经知道种子的呼吸需要氧气。那么，刚刚开始生长的种子需要氧气吗？如果需要，它是采用何种方式从空气中摄取氧气的呢？我们可以通过下面的这小实验来研究一下。

用一块潮湿的手帕纸（或纱布）铺在盘子上，然后撒上 20 颗豌豆种子。把盘子和豌豆放在暖和的地方若干天。

当种子刚刚开始发芽（萌发）时，便可以用来进行实验了。

取一只大口瓶，把一团潮湿的棉花团先垫在瓶底，然后把刚刚萌发的种子放在棉花团上。在瓶盖内面的四周涂上凡士林，拧紧瓶盖。把瓶子放在暖和的地方留置 2 天。

2 天后，你可以对瓶里的空气进行测试。拧松盖子，但不要揭开。点燃系在另一只瓶盖上的蜡烛，准备好表进行计时。揭开瓶盖，迅速地把系在另一只盖上的蜡烛放入此瓶中。压紧瓶盖，用表测出蜡烛在瓶内燃烧的时间。蜡烛燃烧了多久？

打开瓶盖，从瓶里取出蜡烛、豌豆和棉花团。把瓶子放在你的工作台上几分钟，这样瓶里又充满了空气。

把瓶子放在暖和的地方留置 2 天

准备好表进行计时。把系在瓶盖上的蜡烛点着，放入瓶里压紧瓶盖，用表测出蜡烛在瓶里燃烧的时间。蜡烛燃烧了多久？

蜡烛在哪个瓶子里燃烧的时间较短呢？结果是显而易见的，蜡烛在种子萌发的瓶子里燃烧的时间较短。那么，你能说明理由吗？

原来，就像人类通过呼吸从空气中吸取氧气，并消耗子体内一样，植物也有这样的过程。通过这个小实验，你已看到装有萌发种子的瓶里所含的氧气比瓶里只有空气（没有萌发的种子）时为少。萌发的种子消耗了氧气，释放出的能量供种子生长所需。如同结果所表明的那样，蜡烛在装有豌豆的瓶子里燃烧的时间比只有空气的瓶子里短了。

种子萌发的条件

在上个小活动中，我们已知道种子在发育过程中会从空气中吸取氧气。萌发的种子除了氧气还需要其他什么条件？它们需要暖和的环境还是寒冷的环境？它们需要潮湿的环境还是干燥的环境？它们需要有光亮的环境还是漆黑无光的环境？我们也可以通过下面的这个小实验来研究一下。

把 4 块棉花团弄湿，分别装入 4 个大口瓶里。把另外 4 块干的棉花团装入其他 4 个大口瓶里。

每瓶棉花团上放 4~5 颗水芹种子（也可以是其他植物的种子，比如小麦、花生等）。

取 2 只瓶子（一瓶装干棉花，另一瓶装湿棉花）放在温暖的朝阳处。

取 2 只瓶子（一瓶装干棉花，另一瓶装湿棉花）放在温暖的阴暗处。

取 2 只瓶子（一瓶装干棉花，另一瓶装湿棉花）放在寒冷的朝阳处。如果实验正逢冷天，瓶子可以放在窗边或窗外。

取最后 2 只瓶子放在寒冷的阴暗处。譬如放在冰箱里就很合适。关上冰箱门时，里面就漆黑无光了。

放在潮湿的棉花团上的种子，必须时刻保持潮湿。每天观察，连续 7 天，列表说明每只瓶子里种子发育的情况。

7 天后，哪个瓶子里的种子发育得最好？哪个瓶子里的种子发育得比较好？哪个瓶子里的种子发育最差，甚至根本没发育？

你应能发现放在温暖的、充满阳光的、潮湿的环境中的种子茁壮成长，而置于温暖的、潮湿的、阴暗处的种子，发育还好，只是不能转绿，它们都长得苍白细长；置于寒冷处的种子发育得不好；假如种子被放在冰箱里，它们就根本不发育；同样地，放置在干燥处的种子也根本不发育。所以，种子适宜在潮湿、温暖、朝阳的环境里发育生长。

＼ 奇 妙 的 微 生 物

在我们的身边，微生物无处不在。那么，什么是微生物，微生物的存在对人类而言有什么意义呢？微生物就是那些形体微小，结构简单，通常要用光学显微镜或电子显微镜才能看清楚的生物。微生物非常小，必须通过显微镜放大约 1000 倍才能看到。比如中等大小的细菌，1000 个叠加在一起只有句号那么大。想像一下一滴牛奶，每毫升腐败的牛奶中约有 5000 万个细菌。由此可见，微生物可真够小的。

一般情况下，人们将微生物划分为 8 大类，即细菌、病毒、真菌、放线菌、立克次体、支原体、衣原体、螺旋体。

微生物与人类的生活密切相关。微生物对人类最重要的影响之一是导致传染病的流行。在人类疾病中有 50% 是由病毒引起。有些腐败性的微生物还可以引起食品气味和组织结构发生不良变化。剩饭剩菜在炎热的夏天很快会馊掉就是微生物造成的。

微生物能够致病，能够造成食品、布匹、皮革等发霉腐烂，但微生物也有有益的一面。弗莱明就是从青霉菌抑制其他细菌的生长中发现了青霉素，这对医药界来讲是一个划时代的发现。后来大量的抗生素从放线菌等的代谢产物中筛选出来。抗生素的使用在第二次世界大战中挽救了无数人的生命。

另外，一些微生物被广泛应用于工业发酵，生产乙醇、食品及各种酶制剂等；一部分微生物能够降解塑料、处理废水废气等等，并且可再生资源的潜力极大，称为环保微生物。

目前，我们发现的微生物已经很多，但实际上由于培养方式等技术手段的限制，人类现今发现的微生物还只占自然界中存在的微生物的很少一部分。

微生物的妙用

假如你吃过泡菜的话，一定忘不了它那鲜艳水灵的色彩，香脆而咸辣、酸而不涩的味道吧？的确，泡菜是我国人民爱吃而又经济实惠、容易制作的食品。

泡菜是酸菜的一种，新鲜蔬菜制成酸菜以后就不容易腐败，能保存很长时间。我国人民食用酸菜的历史有几千年了。

怎样做泡菜呢？不妨按下面的方法试试看。成功了，你就可以吃到自己亲手做的泡菜了。

最好到商店里去买一个泡菜坛。如果买不到，也可以用小口的坛子或大玻璃瓶。当然，密器得洗得干干净净，尤其不能有碱和油，把刚烧开的水灌进坛内，直到坛子的 2/3（如果是玻璃瓶，就应该灌凉开水）。再放进食盐（每 500 克水加 5 克盐就行了）和一匙白糖，让它们溶化在水中。等到水凉了，再加进洗干净的带皮的萝卜条，把容器盖上。如果是泡菜坛，不要忘记在口沿里加上水。两三天以后，夹出一块萝卜条来尝尝，如果酸了，这坛子泡菜卤就算做好了。如果还不酸，可以再加点糖进去，盖上盖子再等一两天。

泡菜为什么会酸而带香味呢？假如取一滴泡菜卤放在显微镜下观察，可以看到像小木棍一样的细菌最多，还有一些卵圆形的细菌和个儿大得多的酵母菌。那种像小棍一样的，叫做乳酸细菌。它能把蔬菜里的糖、淀粉变成乳酸。泡菜的酸味，主要就是乳酸细菌的贡献。乳酸细菌还可以产生出乙醇和醋酸等化合物，这些化合物彼此起作用，会形成许多种有香味的物质，使泡菜带有特殊的香味。

乳酸细菌不大需要氧气，是一种微需氧微生物，所以坛子加盖之后跟外界空气隔绝了，照样生长得很好。在氧气不多的情况下，它能大量繁殖，使泡菜卤很快变酸了。其他有害的或使蔬菜腐败的细菌，在氧气很少又比较酸的环境下很难长起来，这就使泡菜成为贮存鲜菜的一种方法了。乳酸不仅能够保护蔬菜中的维生素，而且它本身就是对人体有益的一种物质。所以泡菜是一种既富于营养又很卫生的美味食品。

有时候泡卤上会浮起一层白膜，这是酵母菌长起来了。这时候的泡菜就不好吃了，在里面加点白酒，白膜可能就会消失，如果除不掉，这种卤就只好倒掉了。注意白酒不可加得太多，否则连酸细菌也会被消灭了。防止生白膜的好办法是勤加新鲜菜，因为新鲜菜加进去以后，坛子里的氧气能够较快地减少。

总之，泡菜的成败关键是能否让乳酸细菌大量生长起来。只要你掌握好加进的糖量，控制好氧气量，并且严格消毒，不让别的细菌和油污混进去，你就可以连续不断地吃到亲手做的泡菜了。

米饭变甜酒

你尝过米酒吗？你可以做一点甜米酒尝尝。

先蒸饭。最好用糯米，如果没有糯米，也可以用粳米。把1千克糯米淘洗干净，用温水浸泡七八个小时，把泡软的米用清水漂洗几次（但不要用力搓）。然后捞出来，松散地铺在蒸锅的屉布上（就像蒸馒头一样），蒸半小时就熟了。这时候，把米饭放在一个干净的大盆里，用筷子把米饭挑松，晾凉。注意米饭不能结成团。如果太黏，可以适当洒点冷开水，再用筷子挑松。当米饭温度降到30℃左右的时候（即不烫手时），就可以拌酒药了。

超市里可以买到酒药。酒药是利用微生物学的方法从根霉菌中糖化能力最强的挑出来单独培养，再加上单独培养的酵母菌而制成的效力最强的纯种曲。买来的酒药，有的是装在小塑料袋中的粉末，有的是用大米压成的小块。如果是粉末，只要按说明使用就行；如果是小块，需要放在面板上轻轻地压碎，再用擀面棍擀成粉末。

把凉米饭从盆里移到事先准备好的一个干净的搪瓷盆或瓦盆里。这时候，铺一层米饭，撒一层酒药粉，再铺一层米饭，再撒一层酒药粉，直到将米饭拌完。接着用筷子把米饭按实一点，并在饭盆中央用筷子捅一个小坑。

然后，将预先留出来的1/4的酒药粉，用一杯温开水把它搅匀，一边搅拌一边均匀在泼在米面。最后，把饭盆盖上盖，包裹起来放在温暖的地方进行发酵。

发酵的关键是适宜的温度。制酒的工人有句谚语叫做"人盖被子酒盖被，人盖毯子酒盖毛巾"。也就是说，冬天入睡觉要盖棉被，做米酒的饭盆也要包上棉絮。放在温暖的地方，两三天以后，在饭盆外面就可以闻到一股酒香味，米饭就变成甜酒了。夏天做甜米酒，发酵时间会缩短。

另外，所使用的用具，包括蒸饭锅、屉布、饭盆、筷子、面板、茶杯等，都必须干净，不要残留有盐、碱、酸、油类等物质。

这种甜米酒，有的地方叫醪糟，有的地方叫米酒，有的地方叫酒酿。它醇香可口、甜味极浓，因为它含有大量的葡萄糖、维生素，营养丰富，是我国传统的营养食品。

用粮食酿酒，先得把粮食中的淀粉分解成葡萄糖（这叫糖化），再使葡萄糖发酵生成酒精（这叫酒精发酵）。我国酿酒跟西方各国所用的方法不同：我国是用"曲"酿酒，而西方是用麦芽和酵母菌。用曲酿酒的时候，因为曲中既有起糖化作用的霉菌，又有起酒精发酵作用的酵母菌，糖化和酒精发酵两个过程连续而又交叉地进行，粮食就变成酒了。这种酿酒方法叫做复式发酵法，酿成的酒香气浓郁，风味醇厚。不经过蒸馏的的就是甜酒，因为其中既有酒精，又有糖。

我国用霉菌酿制米酒的历史，有文字记载的，可以上推到公元前10世纪，当时国王喝的酒就是用米酿成的。东汉时曹操还向皇帝写过关于用米酿甜酒的报告。《齐民要术》中也详细记载了用米做甜酒的方法。到了宋代，用米酿酒的方法更多了，技术也更高明了。直到19世纪末，法国科学家研究了中国的酒曲，才知道用霉菌糖化淀粉制酒的技术。至今还沿用"淀粉发酵法"来生产酒精呢。

经过近代科学家，特别是我国微生物学工作者的研究，现在已经知道：制甜酒的曲主要含有根霉菌和酵母菌，根霉菌把淀粉变成糖，酵母菌则把糖发酵成酒精。因为我国制甜酒的历史很长，经过千百年来的选育，我国这类曲中的根霉菌有很强的糖化能力。

真菌的功过

你自己动手，做个实验，来评价真菌的功劳和过失吧！那么，先做个发面小实验，看一下酵母菌的功劳。

称出面粉10克，放在一个小碗里，加一些水和成面团。把面团平分成2份。1份拌进适量的鲜酵母（也可用面肥，里面含有酵母菌）。然后，把这2团面再平分成2份，最后成4个面团（2个有酵母菌，2个没有酵母菌）。

找来4支试管，把4个面团都搓成比试管细、长短几乎相等的长条。把4个长条分别装进试管，用玻璃棒推到管底，再把长条的上端按平。最后用四层纱布把试管口包上。

用色笔在试管外壁画个记号，标出面团的长度，再用直尺量出面团的长度，记下来。

把加酵母的1支试管和没有加酵母的1支试管放在冷处，记下这里的温度。剩下的2支放在25～30℃的地方，也记下温度。

15分钟以后，你就可以看到：放在热处的，加了酵母的那支试管里面的面团开始伸长。每隔15分钟观察测量一次。而没加酵母的试管里的面团却没有变化。

面团为什么会伸长呢？这是因为酵母菌在里面得到了充分的营养，在合适的温度和湿度下，迅速地繁殖、生长。母菌在生长繁殖过程中，会产生大量的二氧化碳气体，因此使得面团体积增大，但是试管的粗细是固定的，面团只好向上伸长了。伸长的长度可间接地表示母菌生长繁殖的快慢。

那么，没有放酵母菌的面团为什么没有变化？再看看放在冷处的那2支试管的情况又怎样？你能解释清楚吗？

你掌握了用面团测量酵母生长繁殖的方法以后，还可以再做一个很有趣的试验。

1928 年，俄国科学家托金发现洋葱会分泌一种能杀死酵母菌的物质，叫做植物杀菌素。现在，我们可以用和上面相似的试验来验证一下托金的发现。

同前面的试验一样，把2块混有酵母菌的面团放在试管里，在一支试管内加进1克洋葱碎糊（把洋葱切碎捣烂）。另一支试管不放洋葱，进行对照。然后，标出记号，测量长度，记下来。

把2支试管都放在25～30℃的地方。经过15、30、45和60分钟，分别量出面团的长度。结果发现不放洋葱碎糊的面团伸长了，而放进洋葱碎糊的面团长度没变。证明洋葱实有杀酵母菌的效力。

如果把洋葱换成大蒜、芥菜、辣椒、茴香、土豆、西红柿叶等等，结果会怎样？你还可以选用其他植物做一系列的实验，就可以知道哪些有杀菌作用，哪些没有杀菌作用了。

再做个小实验，看看霉菌的过失吧。

你切下一小片面包（馒头或米饭也行），把它沾一下水，放在一个盘子里。过一两个小时后，水就蒸发掉一些。然后，用一个茶杯或小碗扣上，再把盘子放在温暖的地方（30℃左右）。过两三天，你打开茶杯就会看到，面包上面长出像棉花或蜘蛛网一样的丝状东西来。你把茶杯再扣上。再经过两三天，就可以看到，这些丝状东西的上面出现了各种不同颜色的粉末，可能是黑的、白的、绿的、黄的，甚至还有红的、蓝的等等。这些东西是什么呢？这就是霉菌。夏天的衣物发霉了，就是这些家伙捣的鬼。

霉菌不是用肉眼看不见吗？怎么一下子就在面包上看出来了呢？原来，面包上长的这些霉菌，不是单个的霉菌，而是集合在一起的几千几万个霉菌的群体，就好像是由许多树木组成的一片森林。这种霉菌的群体，科学上叫做菌落。那么菌落表面带色的粉末是什么东西呢？这就是它们用来繁殖后代的孢子。这些粉状颗粒就是由成千上万的孢子组成的。孢子成熟后，就在空气中到处飘浮，因为它们极小，所以我们平常并不觉察，也看不见它。

为什么要先把面包片暴露一两个小时呢？就是为了让飘浮在空气中的孢子落到面包片上。当孢子得到面包里的营养、水分，在适当的温度下，就开始繁殖了。

这些孢子一旦开始繁殖，繁殖速度之快，是任何一种大生物都比不过的。在适宜的环境里，真菌主要通过孢子分裂进行繁殖。一般情况下，一个真菌个体就会生成几千几万个孢子，有时候可达几百亿、几千亿或更多！这样两三天内就可以长出几百亿个孢子繁殖的菌丝群落。我们就可以用肉眼直接看见它们了。

真菌包括酵母菌、霉菌和蕈类 3 部分。它和人的关系非常密切。用酵母菌发面还能做面包、馒头等。蕈类中的食用蕈，比如蘑菇、香菇、木耳、猴头、灵芝、茯苓等，不仅营养丰富，还可以用做药物。近年经过研究发现许多种真菌都含有抗癌物质，因而越来越引起人们的重视。另外，真菌在纺织、造纸、制革等工业中也发挥了不小的作用，这里就不细说了。

你不要以为真菌都对人有好处，它也有坏的一面。比如有少数酵母菌能使贮存的食物腐败，还有的能使人畜得病。霉菌对人的危害就更大了：粮食或饲料上面感染了霉菌后，就会使粮食变质；有些霉菌产生的毒素能致癌，或者引起人畜死亡。蕈类中也有些是有毒的，人畜误食了白毒伞、细网牛肝、蛤蟆菌等也会中毒。

在生产中，我们如果能仔细观察菌落的变化，常可从中得到许多有益的启示。因为不同种类的霉菌的菌落具有不同的特点：有的菌落大，有的小；有的边缘整齐，有的边缘锯齿状；有的表面光滑湿润，有的表面粗糙或形成皱褶；有的松散，有的紧密；有的像棉絮，有的像蛛网；有的是红色、黄色、绿色、黑色、蓝色、紫色等等，五彩缤纷，应有尽有。一个熟练的微生物工作者，能从长出的菌落上初步鉴别出是哪一类、哪一种霉菌。

所以观察菌落在科研和生产中有极大的意义。

培养青霉菌

日常生活中，人们常常跟各种霉菌打交道。有的霉菌给人带来好处，比如米曲霉、千万霉、青霉、根霉等等。有小部分霉菌能够引起人和动植物的病害，比如某些霉菌能使人长头癣、脚癣以及西红柿腐烂等等。

好，下面以青霉菌为例，了解一下简易的霉菌的培养方法。

把新鲜的橘子皮（如果是干橘子皮，先用水泡软，晾至半干）放在20～25℃的地方，最好是阴暗潮湿的地方。3～5天后，你就可以发现橘子皮的内表面上长出许多小绒毛，这就是霉菌菌丝体。开始看到的是白色菌丝，过两天，这些白色菌丝的尖端变成了青绿色，这就是青霉菌，青绿色的粉末就是青霉菌的孢子。随着时间的延长，菌丝和孢子越来越多，整个橘子皮的内表面都长满了青霉菌。有时候，你还可以在橘子皮上看到红色、黄色、粉色或黑色等不同颜色的斑点。这是感染了其他霉菌的缘故。如果你要培养比较纯的青霉菌，就把第一次培养的橘子皮上的青霉菌，用一根牙签（或火柴棍）把它刮下来，抹到另一个新鲜的橘子皮上，进行第二次培养。这样经过2～3次的纯化培养以后，橘子皮上长出来的就基本上都是青霉菌了。

微生物学工作者培养霉菌，常用液体培养基。什么是培养基呢？简单说，就是用人工配制的适合微生物营养要求的混合物质。这个混合物质一般包括碳水化合物、含氮物质、矿物盐类、水等。现在，也顺便介绍一下液体培养基的配制方法。

把马铃薯削去皮，切成小碎块，称出200克放在1000毫升水里，再煮半小时（煮开后用小火）。然后，用纱布把汤滤出来，再加进一些冷开水，使汤还变成1000毫升。最后在这1000毫升的马铃薯汤里加入20克白糖，这就做成了培养基。

植物的生长与水

水既是植物体的重要组成部分，又是植物生长发育的重要生态因子。植物的根吸收水分，通过茎的导管运输到叶，然后由叶的气孔或植物表面散失到大气中，这种水汽通过气孔散失到大气的过程，就是蒸腾作用。正是因为植物有了蒸腾作用，产生拉力，才使植物吸收水分和促使水分在体内运输，并随着水的运输，促进溶解在水中的矿物营养物质在植物体内运输。更因水变成水蒸气要吸收热量，从而使叶片避免被太阳光灼伤。由此可见，植物离不开水。

不同植物对水的需求有差别。同样，不同的水环境也影响着植物的形态和分布。比如：在水生环境下生长的芦苇、荷花，个体形态上一般表现为根系不发达，叶子柔嫩、硕大、鲜绿等特征。而在干旱环境下生长的骆驼刺、仙人掌，个体形态上则表现为根系异常发达，能从很深很广的地下吸取水分；叶子上覆盖有蜡质层或叶子变成细刺等，最大限度地减少因叶子蒸腾而损失掉的植物体内的水分。在热带草原上，生长着一种叫纺锤树的植物，为适应草原旱季缺水的情况，树干长成瓶子形，以便在雨季时贮存大量的水。

一般说来在低温地区和低温季节，植物的吸水量和蒸腾量小，生长缓慢；在高温地区和高温季节，植物的吸水量和蒸腾量大，生产量也大，在这种情况下必须供应更多的水才能满足植物对水的需求和获得较高的产量。

植物与水

没有水，植物就不能生存。植物需要水来制造食物。水还能使植物保持硬朗，使它们能够直立。这样，绿色植物的叶子就能接受更多阳光。没有阳光，植物是不能制造它赖以生存的食物的。如果一株植物缺少水，它就会枯萎，最后死去。

水是怎样进入植物的？水在植物里是怎样传输的？我们可以通过下面

的这个小活动来回答这些问题。

首先，挖起一棵完整的蒲公英。接着，把蒲公英根上的泥土洗去。

挖一棵蒲公英

把根上的泥土洗掉

然后，往盛水的烧杯里倒几滴红墨水，使水变成红色。

往瓶里倒一些红墨水

把蒲公英的根浸在红颜色的水里

倒了红墨水以后，把蒲公英的根浸在红颜色水里。用胶带纸把蒲公英的茎固定在烧杯上，放置几小时。

最后，把蒲公英的根和茎切下。用放大镜观察根和茎的切口内部。然后，用放大镜观察叶脉。

你能在根、茎和叶脉里看见红墨水吗？很明显，蒲公英的根、茎和叶脉中都有红色墨水的存在。红色墨水是怎么进入蒲公英的根、茎和叶脉的呢？这个问题，我们将在下面的活动中解答。

植物里的水是不断地散失呢，还是始终留在植物里？我们再来做一个小实验，来看看这个问题的答案。

在盆栽植物上套一个塑料袋。在茎的基部把塑料袋扎紧。

过几个小时，你看到塑料袋内出现了什么？塑料袋上是不是沾满了小水珠？想一想，这是从植物的哪些部分来的？

原来，水由植物的根部吸收进去，再从根部传输到茎和叶上。水可以由植物表面的各部分散失掉。然而，叶子具有特殊的微孔或小孔，大量的水也许是通过这些小孔散失的。

蒸腾作用

这个小实验的目的是让大家观察叶片的蒸腾作用。实验需要的工具有：凡士林少许；一块玻璃；一只透明玻璃杯。

观察蒲公英的根和茎

准备好上述工具后，采大小适中的新鲜叶片10片，在每片叶柄的剪截处用凡士林涂封，将10片涂封好的叶片放在玻璃板上，再将透明璃杯倒扣在叶片上（为防止漏气，可将玻璃板与玻璃杯之间用凡士林涂封），将这个密封的容器放在阳光下。

几个小时以再去观察，结果发现玻璃杯内壁上有许多水珠，这些水到从叶子的气孔中蒸发出来，并凝结在玻璃杯上的。

在盆栽植物上套一个塑料袋

蒸腾作用是水分从活的植物体表面（主要是叶子）以水蒸气状态散失到大气中的过程。与物理学的蒸发过程不同，蒸腾作用不仅受外界环境条件的影响，而且还受植物本身的调节和控制，因此它是一种复杂的生理过程。植物幼小时，暴露在空气中的全部表面都能蒸腾。

成长植物的蒸腾部位主要在叶片。

叶片蒸腾有2种方式：①通过角质层的蒸腾，叫做角质蒸腾；②通过气孔的蒸腾，叫做气孔蒸腾，气孔蒸腾是植物蒸腾作用的最主要方式。

　　蒸腾是植物吸收和运输水分的主要动力，可加速无机盐向地上部分运输的速率，降低植物体的温度，使叶子在强光下进行光合作用而不致受害。植物蒸腾丢失的水量是很大的。据估计1株玉米从出苗到收获需消耗二三百千克水。自养的绿色植物在进行光合作用过程中，必须和周围环境发生气体交换。因此，植物体内的水分就不可避免地要顺着水势梯度丢失，这是植物适应陆地生活的必然结果。适当地抑制蒸腾作用，不仅可减少水分消耗，而且对植物生长也有利。在高湿度条件下，植物生长比较茂盛。蔬菜等作物生产中，采用喷灌可提高空气湿度，减少蒸腾，一般比土壤灌溉可增产。

树叶的沉浮

　　摘两片新鲜的树叶，放入盛有清水的玻璃烧杯中，树叶浮在水面，不会下沉。取出树叶，用小刀将这两片树叶割成小小的碎片。取一只医用注射器，拔出活塞，将碎叶片倒入注射器内，装上活塞，并从烧杯中吸入一些清水。

　　保持注射器小孔竖直向上，缓慢推动活塞使注射器内的空气从小孔中排出。然后，用左手大拇指堵住小孔，用右手将活塞反复抽拉、压入多次。注意，可别把活塞拉出注射器外，压入时也别过分用力，以免水从活塞和器壁的缝隙中溢出。再把注射器内的碎叶片倒入盛水的烧杯中，此时你可发现，碎叶片徐徐沉入水底，不再浮在水面上。

　　把底部沉有碎叶片的烧杯，移到太阳光可直接照射到的地方，如果是阴雨天或晚上，可放在灯光下。不一会儿，就可以看到原来沉在杯底的碎叶片，又开始慢慢向上浮起来。用一块厚布或硬纸板遮住烧杯使之和光源隔离，你会惊奇地发现，碎叶片立刻停止上升，并停在各自的位置上不动了。移开遮光物，稍过一会儿，碎叶片又会徐徐上升。

　　叶片或沉或浮的奥秘何在？原来，新鲜的树叶内细胞与细胞的间隙中充满了空气，其密度略小于水，所以不论是整片的树叶还是切碎了的叶片，投入水中都会浮在水面上。反复抽拉、压入活塞的作用，是把碎叶中的空气抽出，使水渗入其中。当细胞之间的空气被水代替后，叶片便沉入水中。新鲜树叶细胞内的叶绿素仍具有光合作用能力，当太阳光或灯光直射碎叶片时，在叶绿素的光合作用下产生了氧气。氧气源源不断地进入细胞与细胞的间隙，将其中的水排出，使叶片的密度逐渐减小到未抽气前的大小，于是碎叶便慢慢上升，直至重新浮在水面上。遮住阳光，叶绿素不再产生氧气，不能继续将水从细胞间隙中挤出去，碎叶的密度就暂不改变，叶片便停在原处不再上浮或下沉。

显然，决定叶片沉、浮的奥秘，还是碎叶与水的密度大小的关系。抽气和光照，都只是改变碎叶密度的一种手段。

根毛怎样吸水

大多数高等植物的吸水器官是根上的根毛。根毛很细，但是每株植物的根毛加起来总长度却很长。比如一株健壮的玉米，把根毛连接起来，可达25千米。这么多的根毛是怎么吸水的？后来知道，根毛吸水是通过细胞膜来完成的。细胞膜是一种很特殊的薄膜，它究竟怎样吸水呢？要弄清这个问题，还需要追溯到100多年前的实验。

早在1862年，英国化学家格拉汉姆发表了胶体物质的研究。几年以后，特劳伯就利用胶体来研究细胞的渗透现象。他用一滴胶体溶液加入到鞣质酸溶液当中，结果在这两种液体相接触的面上就形成了一种薄膜。后来又发现，这个膜只允许某些小分子物质（比如水）透过；而不让大分子的物质（比如糖、蛋白质、脂肪等）透过，科学家把这种膜叫做半透膜。特劳伯是第一个研究半透膜的人。

后来，科学家费倍尔对半透膜进行了广泛的研究，认为动植物的细胞膜都具有半透性的特点。比如，根毛细胞、膀胱壁、毛细血管壁、肠壁等都是半透膜。

为了进一步了解细胞膜是一种半透膜的道理，我们可以用带微孔的玻璃纸来做个实验。

怎样使玻璃纸打上微孔呢？用小针吗？不行！针眼太大。要用化学方法来打孔。

找一张普通玻璃纸，擦干净后平铺在大碗或大碟子里，倒进一些 20% 浓度的硫酸铜溶液，要浸没玻璃纸。在室温为 10 ~ 20℃下，浸泡 1 小时以后，用镊子取出来（硫酸铜有些毒性，不要用手取，以免误入嘴里）。用清水冲洗干净，半透膜就做成了。20% 的硫酸铜溶液能把玻璃纸腐蚀成许多肉眼看不见的小洞洞。

你把番茄汁包在玻璃纸半透膜里，用线把膜袋口紧紧扎住，然后慢慢地放在盛有浓盐水的瓶子里，让半透膜袋悬在盐水中。不一会儿，就看到半透膜袋明显地变瘪了。这是番茄汁中的水分通过半透膜进入了浓盐水里造成的。

这时候，你把膜袋取出来，再把它悬在另一个盛有清水的深盆里。不久，你又会看到半透膜袋慢慢地鼓了起来。这是因为水分通过半透膜进入到玻璃纸半透膜袋里来了。

植物根毛细胞的吸水跟这个道理完全一样。当土壤溶液的浓度小于细胞液的时候，根毛细胞就吸水；相反，根毛细胞就排水。但是必须强调，细胞膜绝不是一种简单的、机械的半透膜。它的功能跟活细胞的生命活力有密切关系，一旦活细胞的生命活动受到阻碍或停滞了，细胞膜的半透性也会发生很大变化，甚至丧失半渗透能力。

再做这个实验，你就会更清楚地懂得根毛细胞的吸水道理了。

把一个胡萝卜的顶部切去，在切口面上用小刀挖一个圆孔，孔的大小要正好能塞紧一个软木塞（或橡皮塞）。从圆孔向下，把胡萝卜心里的肉挖出去，成一个长柱形的深坑。注意不要把胡萝卜捅穿——这是实验成败的关键之一。

找一个刚好能把坑口塞紧的软木塞。在软木塞的中心地也钻一个小孔，刚好能插进一根两头开口的玻璃管。

在胡萝卜坑里灌满浓糖水（要用白糖或红糖，不能用葡萄糖）。塞上软木塞以后，糖水就进入玻璃管里，记下这时候玻璃管上的水位。然后，用熔化的蜡把软木塞封住，不能漏气——这是实验成败的关键之二。

在一个干净的大玻璃或大口瓶里，装上干净的水，再把上面的一套装置放在水中，让玻璃管口露出水面。

　　大约 10 分钟，玻璃管中的液面慢慢上升。如果玻璃管比较短的话，1小时以后，糖水就会从玻璃管的上口溢出来。时间越长，溢出来的水越多。你尝一尝溢出来的水有甜味，再尝尝杯子里的水，一点甜味也没有。可见，杯子里的水透过胡萝卜，渗进了胡萝卜坑里，所以糖水会增加；然而胡萝卜坑里的糖水却没有进到杯子里去。

　　这是什么原因呢？秘密也在细胞膜上。胡萝卜的细胞膜就好像我们筛土用的筛子一样。筛子只允许小于筛孔的土粒通过，大于筛孔的土粒就过不去。像水和溶解在水里的食盐等无机物，它们的分子比较小，可以自由通过细胞膜；像白糖、红糖、淀粉、蛋白质等有机物，它们的分子大，就不能通过细胞膜。

　　那为什么胡萝卜细胞里的水不会倒流到杯子里面去呢？这是由第二种因素，即膜的两边溶液的浓度来决定的。如果细胞液的浓度大于外面溶液的浓度，外面的溶液里的水分就会渗进细胞里；如果细胞液的浓度小于外面溶液的浓度，细胞液里的水会就分流出去。杯子里的清水不含糖类等有机物质，所以水就很快渗进胡萝卜里去了。

　　在一般情况下，根毛细胞液的浓度总是大于土壤溶液的浓度，所以根里的水是不会倒流到土壤里去的！如果给花草树木及农作物施用太浓的肥料水时，植物体里的水就会倒流到土壤里，很快会打蔫甚至枯死。

　　科学家利用细胞膜的半渗透特性，来速测种子的成活率，从而快速地了解种子的质量。方法很简单：取 5 毫升红墨水，用 95 毫升的冷开水或自来水稀释，就配制成了 5% 的染色液。配制多少染色液要看种子多少来决定，配好随即使用。取 50 粒玉米种子，浸泡在 30℃ 左右的温水里，大约泡3~4 个小时。

　　种子充分膨胀以后，用刀片把每粒种子纵切成两半。再把它们全部浸没在盛有红墨水染色液的碗里，半小时以后，把红墨水染色液倒掉，再用自来水反复冲洗种子，一直到冲洗后的水不带红色为止。

　　最后把洗净的种子平铺在白纸上，仔细地察看每一粒种子的胚和胚乳的着色情况。如果种子的胚，特别是胚根部分，已经全部被染成红色，而且和胚乳的着色程度相近，这样的种子肯定是丧失发芽能力的死种子。如果种子的胚出现斑斑点点的红色，说明种子的部分组织已经死亡，是生命力较弱的种子。如果种子的胚和胚乳完全没有着色，或者略带浅红色，这些种子就是生命力较强的活种子。用这种方法就可以快速地测算出种子的发芽率。

为什么用红墨水染色就能知道种子的死活呢？这是由于种子活细胞的原生质膜是一种半透膜，这种半透膜不能透过红墨水的微小颗粒，所以活种子的胚就不会染色。死种子细胞的原生质膜丧失了半透性，红墨水的颗粒就可以自由地进入细胞，胚和其他部位就很容易染上红色。

观察植物导管

在植物根、茎等器官的木质部里，都存在一些可以疏导水分和无机盐的上下相通的管子，那就是同学们都熟知的导管。导管壁上有不同程度的增厚，形成各种花纹。因为花纹不同，导管的名称也就各异。在显微镜下可以看得清清楚楚，很有意思。你愿意目睹这奇妙的景观吗？

事先买一些又粗又长的新鲜大豆芽，稍加泡洗，随即到实验室内做实验。

取一粗壮挺硬的豆芽胚茎，捏在左手食指上，右手持极锋利的刀片（刮脸刀片），从胚茎上纵削下一张张薄片（越薄越好），放入事先准备好的清水中。

取一张洗擦干净的载片，滴上一滴清水，放入刚才削好的胚茎薄片（要用小镊子从清水中挑选最薄的一片），然后加 1～2 滴 30% 盐酸—间苯三酚饱和液，使木质化的次生壁染成红色。再加盖片，放在显微镜下观察。

在显微镜下观察，可以看到在许多纵行的薄壁细胞之间，有许多已染成红色的导管。

细胞的作用

拿两只大土豆，把其中一只放在水里煮几分钟。然后把两只土豆的顶部和底部都削去一片，在顶部中间各挖一个洞，在每个洞里放进一些白糖，然后把它们直立在有水的盘子里。经过几个小时以后，生土豆的洞里充满了水，而熟土豆里仍然是白糖颗粒。

生土豆的细胞是活的，它好像一个孔道，能够使水分子通过。盘里的水经过土豆壁渗入洞中。而煮过的土豆细胞已被破坏，所以没有渗透功能。

请你尝尝放生土豆盘子里的水，有甜味吗？没有。为什么生土豆里的糖水没进到盘子里？秘密在细胞膜上。土豆的细胞膜好像筛子一样，只允许小于筛子孔的颗粒通过，大于筛子孔的颗粒就过不去了。白糖的分子比较大，通不过细胞膜，所以，盘里的水就不甜。懂得了这个道理，你再给花草树木施肥时，千万不要用太浓的肥料水，否则，植物体里的水就会倒流到土壤里，使植物打蔫甚至枯死。

植物与阳光

如果你错过一顿饭或是没有喝够水，很快就会感到饥渴，可能还会感到特别疲倦。与你一样，植物也需要食物和水，不然它们就会枯萎凋零。由于植物不能走动，所以它们需要在能够得到阳光和空气的地方生长。如果一株植物长在阴暗的地方，它就会拼命地朝着太阳生长，因为没有阳光，植物就不能合成养料。

那么，植物是如何利用阳光合成养料的呢？这就要说到植物的特殊本领——光合作用了。光合作用是植物、藻类利用叶绿素和某些细菌利用其细胞本身，在可见光的照射下，将二氧化碳和水（细菌为硫化氢和水）转化为有机物，并释放出氧气（细菌释放氢气）的生化过程。

因此，植物是食物链的生产者，因为它们能够通过光合作用，利用无机物生产有机物并且贮存能量。通过食用，食物链的消费者可以吸收到植物及细菌所贮存的能量，效率为 10% ~ 20% 左右。对于生物界的几乎所有生物来说，这个过程是它们赖以生存的关键。

幼芽弯曲了

你把一些草籽或小麦、绿豆的种子放在小盘里，洒上点水，然后用一个硬纸筒把小盘扣上，放在温暖的地方。过几天，你打开纸筒看看，一粒粒草籽都会发芽，而且芽鞘笔直。你再糊个硬纸筒，在侧面钻个孔，然后把幼芽分成两半，一半扣在有孔的纸筒里，让光线从小孔进去；另一半仍然扣在无孔的纸筒里。

几天以后，两个纸筒里的小芽的生长情况截然不同了：无孔纸筒里的芽鞘仍然笔直向上；而有孔的纸筒里的芽鞘却向着小孔的方向弯曲了。

这时候，你用黑纸做一个纸帽，罩在直芽鞘的顶尖；再用黑纸做个环带，套在另一个直芽鞘尖端稍下的地方。然后把两个芽鞘扣在带孔的纸筒里。结果，带纸帽的芽鞘没有弯曲，而套环带的芽鞘向小孔弯曲了。你把一个芽鞘的顶端切去，也用带孔的纸筒扣上，芽不再弯曲，也停止生长了。这说明确实是芽鞘的顶尖在光照下所产生的生长素比较多，导致幼芽弯曲。

接着你把一个芽鞘尖切下来，在切剩的芽鞘顶上放一块琼脂（一种植物胶，菜市场有卖的，也叫洋菜），再放上芽鞘尖，扣在有孔的纸筒里。结果，芽鞘又向有光的一侧弯曲了。

这说明在光照下，芽鞘尖所产生的物质能够流动。流向是怎样的呢？

你在芽鞘背光的一侧，嵌入一片锡箔（包香烟的锡纸就可以），不让汁液通过。结果，芽鞘正直生长，也不向有光的一面弯曲了。但是，如果把锡箔片嵌在向光的一侧，芽鞘又弯曲了。可见，那种物质是从背光的一侧流向芽鞘下面的。

向日葵能够向着太阳转也是这个道理。

达尔文和他的儿子在100多年前也做过上面这个实验。

一天，生物学家达尔文的儿子用草籽去喂金丝鸟。不小心把几位草籽掉在紧靠墙角的地上。几天以后，角落里长出了小草的嫩芽，有趣的是，这些小芽全都是弯的，而且弯向有光的一边。

这个现象引起达尔文父子的兴趣。他们想弄清楚，是不是所有植物发芽的时候都是这样，于是，父子俩设计了一个巧妙的实验。

他们把一些草籽放在小盘里，洒上点水，用硬纸筒扣上小盘，放到温暖的地方让草籽发芽。几天后，他们拿开纸筒，草籽果然都发了芽，而且幼芽是直的。他们又做了一个硬纸筒，并在侧面钻了个小孔，再把幼芽分

成两半，一半扣上没有孔的纸筒，一半扣上有小孔的纸筒。实验使他们得到一个重要的发现：植物的芽鞘弯向有光的一面。

然而，芽鞘为什么会向有光的地方弯曲呢？

达尔文父子通过实验知道了：只有芽的顶尖，才能接受光线刺激。他们推论：顶尖在光的作用下，产生了某种物质，这种物质能使幼芽发生弯曲。

1880 年，达尔文发表了这个重要的发现。

可是，这个重要发现当时并没有引起人们的重视。直到 30 年后的 1910 年，丹麦植物学家波森才继续研究这方面的问题，他想搞清楚：在光作用下芽鞘产生的这种物质有什么特性。他实验后证实了：芽鞘尖端产生一种化学物质，它溶解在植物的汁液里，并在植物体中流动。

那么，这种物质是怎么运动的呢？波森认为，它是从芽鞘背光的一侧运送到芽鞘下部的。

虽然波森并没有弄清楚这种物质的特性，但是他的实验，却启发了荷兰科学家温特。1928 年，温特用燕麦的胚芽做了一个实验，终于从燕麦芽尖中提取出了这种物质，因为它能促进植物生长，当时就叫它"植物生长素"。温特还测定出芽鞘背光的一侧运送的植物生长素是 65.3%，向光的一侧运送 34.7%。

1934 年，荷兰化学家又从人尿中提取了这种植物生长素，并且弄清了它的化学结构是引哚乙酸。经过半个世纪的探索，终于揭开了植物向光性的秘密。

科学家发现植物生长素以后，各国都相继进行了广泛的研究。目前已经搞清了许多种不同类型的生长素的化学结构和它们的作用机理，并且用人工方法合成了许多种生长素。

1942 年发现，一般在低浓度的时候，生长素促进植物生长；浓度大的时候，反而抑制植物生长。

1945 年又发现，有的生长素能杀死双子叶植物，而对单子叶的禾谷类作物没有任何伤害，所以被广泛地用作除草剂。

总之，目前各国已经大量地人工合成生长素，并且应用在农业生产上，比如用来控制植物的生长，诱导插枝生根，诱导植物开花，增加棉花、果树和蔬菜的结果率，培育无籽果实，延长休眠或抑制块根、块茎和鳞茎等的发芽，单倍体育种、遗传工程等方面。

植物与阳光

我们知道在黑暗中发育的种子和在阳光下发育的种子比较起来，前者长成的植物体较为细长苍白。

植物在它的叶子形成叶绿素时需要阳光。当植物制造自身所需的养料时需要叶绿素。因此，植物在制造养料时需要阳光。与动物不同，大多数植物都是自制养料，因此，阳光对于植物就非常重要了。

在前面，你已看到植物有向光的习性，本实验是把植物放在不同颜色的光中，看看它们朝哪一种颜色的光弯曲得更厉害。

在 3 只瓶盖上各铺垫 1 张手帕纸，洒些水沾湿手帕纸，再在每只盖子里撒上若干水芹种子（或其他植物的种子），把瓶盖放在温暖的黑暗处若干天，这样能使种子萌发得快些。

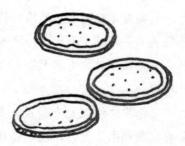

记住随时加水，保持手帕纸潮湿。

把种子放在潮湿的瓶盖上

把 3 只鞋盒的一侧撕掉，用胶带纸把有色玻璃纸蒙在缺口上。保留鞋盒盖子。

当瓶盖里的水芹长到 2.5 ~ 3 厘米高时，在早晨把 3 只瓶盖分别放入 3 只鞋盒里，把蒙着玻璃纸的一侧朝着太阳，但别让太阳直接照射到玻璃纸上。午后观察一次，第二天再观察一次。

记住随时加水，保持潮湿。

哪一个盒子里的植株朝太阳弯曲得最大？

改造鞋盒

在这次的小活动中你应能看出植物向某种颜色的光比向其他颜色的光

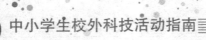

弯曲得更大。在这三个盒子中，蒙有蓝色玻璃纸的盒里的植物弯曲最大。从前面我们已知道阳光中包含了红、橙、黄、绿、蓝、靛、紫各色光，从本实验中你可以看到植物比较喜爱其中某些颜色，尤其是蓝色。

绿叶造淀粉

这个小活动的目的是证明绿色植物的光合作用的存在。

实验需要的材料有：2 盆同样品种的植物（叶片要较大），酒精，碘酒，烧杯（透明玻璃瓶也可）。

准备好材料以后，将一盆绿叶植物放在阳光下照射。另一盆放在暗处，并用黑布盖住。

第四天下午，从每盆植物上各取 5 张叶片，分别在叶片上，用小刀刻上记号。阳光下的叶片刻 S；暗处的叶片刻 D。

将叶子放到装有酒精的烧杯里，放在火上加热，当叶子由绿色变成黄白色时，把叶子取出。经清水冲洗后，再放在玻璃板上。

在每张叶片上滴上 2～3 滴碘酒，5 分钟后，再用清水把叶片上的碘酒洗掉。

结果，经阳光充分照射的叶片变成了蓝色，说明叶片中有淀粉存在，而淀粉是由于光合作用制造出来的。放在暗处、未经阳光照射的叶片呈黄色，说明叶片上没有淀粉，证明无光照不能进行光合作用。

这个小活动还可用另一种方法进行。

晴天的早晨，在室外种植的绿色植物上，选好几张大小形状相似的叶片，叶子不要从植物上摘下。

用黑纸将每张叶子的上下端的 2/5 遮盖住，只留下中间的 1/5 在阳光下照射。

下午 4 点以后，除去黑纸，重复前面的操作，可以证实叶片上只有受到阳光照射的部分，才能制造出淀粉。

光合作用的现象本身就证明了能量的转化关系，能量是不能制造出来的，只能由一种能量形式转化为另一种能量形式。淀粉是由太阳能转化而来的，没有太阳能自然也就不能制造出淀粉。

叶子的颜色

如果叶子里含有淀粉，它在碘溶液里就会变成深蓝色。你的叶子里含有淀粉吗？

只有各种成分都已具备，叶子里才能制造出食物。如果缺少任何一种成分，食物是生产不出来的。譬如说，如果不让阳光照射叶子，就制造不出食物。通过下面的实验，你可以证明这一点。

把盆栽植物在小橱里放 1 天，使叶子里所有的淀粉都除去。植物在黑暗里是不能制造淀粉的。

1 天后，测定其中一片叶子里是否有淀粉存在。如果没有淀粉存在，叶子放存碘溶液里时不会变蓝。如果叶子变蓝了，把植物放回到小橱里去，再放 1 天。

在铝箔上刻一个十字。在植物上挑选一片叶子，用铝箔把叶子包起来。然后，把植物放在阳光下照射几小时。

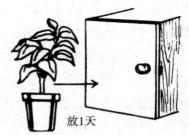

放1天

把盆栽植物在小厨里放 1 天

把叶子连同铝箔一起从植物上摘下。将铝箔从叶子上拿走。

再做一遍上一个实验，测定一下叶子里的淀粉。当把叶子浸没在碘溶液里之后，仔细观察一下叶子。用钳子把叶子展平在碟子边上。

叶子在碘溶液里变成什么颜色？记住，如果叶子里含有淀粉，它在碘溶液里就会变成深蓝色。你能解释叶子为什么改变颜色吗？

原来，绿色植物利用水、大气中的一种气体和阳光来制造食物。它们还要用到叶子里的叶绿素。在第一个实验中，你看到植物能够制造淀粉。

如果植物用来制造食物的这些东西中缺少了一样，植物就不能够生产出食物了。你在第二个实验中看到，当你把植物放在小橱里，以致没有光线能够进入，就没有淀粉制造出来。在实验中接着又看到，当你把叶子遮起来，使光线只能照射到叶子的一部分时，只有光线照射到的那部分能够制造食物。

植物里的叶绿素也需要阳光。没有阳光，植物里的叶绿素就不能形成。

如果你把绿色植物放在黑暗中，不久它就会失去绿色。在黑暗中生长的种子比在阳光下生长的种子看上去苍白得多。

植物的繁殖

植物产生新个体的现象称为繁殖。植物通过繁殖能增加新一代个体，扩大后代的生活范围；繁殖能保证物种的遗传稳定性，繁殖的过程也可产生一定的变异。不同的植物，其繁殖的类型也不一样。总的来说，植物的繁殖方式可以分为3种，即营养繁殖、有性繁殖和无性繁殖。

营养繁殖是植物用其自身的一部分，如鳞茎、块茎、块根、匍匐茎等，自然地增加个体数的一种繁殖方式。低等植物的藻殖段、菌丝段等和高等植物的孢芽、珠芽、根蘖均可用来营养繁殖，农林生产中广为应用的扦插、压条、嫁接、离体组织培养等也属于营养繁殖。

植物营养生长到一定时期，进入生殖生长阶段，产生具有生殖功能的细胞，这些细胞不经两性的结合可直接发育成新个体，这种繁殖方式为无性繁殖。植物的无性生殖也称孢子繁殖，是藻、菌、地衣、苔藓、蕨类等植物的一种普遍存在的繁殖方式。

有性生殖是通过两性细胞的结合形成新个体的一种繁殖方法。植物在繁殖阶段产生2种生理、遗传等均不同的配子，经其结合形成合子，再由合子发育成新的植物体的生殖（或繁殖）方式，故又称配子生殖。

给向日葵授粉

这个小活动的目的是让大家了解给植物授粉的方法。

用柔软的绒布包上棉花等松软的填充物，缝制一个授粉的粉扑，粉扑的大小和向日葵的花盘相仿，注意表面一定要呈凸形。

每个花盘可授粉3~4次，每隔3~5天进行一次授粉。每次授粉的时间要选在晴天早晨露水刚干的时候，因为此时花粉的生命力最强，授粉效果最好。

授粉开始时，选两颗向日葵，A 和 B。先扑 A 上的花盘，再扑 B 上的花盘，B 上花盘扑过之后，再扑一次 A 上的花盘，其他花盘依次扑就行了。这样做的目的是为了保证每个花盘上的花粉都能充分地得到异花授粉。

掌握了向日葵的授粉方法之后，可以用这种方法给各种蔬菜和水果，甚至是花卉授粉。你会发现，各种植物在我们的参与和工作之后，结出了比平常情况大不一样的果实，而且会享受到成功的喜悦。

建议同学们注意观察周围的世界，给你自家庭院里的丝瓜、苦瓜等所有你能找得到的开花、结果的植物授授粉，然后耐心地等待结果。

茉莉花的繁殖

这个小活动的的目的是要大家熟悉植物的一种繁殖方法。

许多植物的枝条是比较柔软的，像夹竹桃、蔷薇花、茉莉花等，这些植物可用压条繁殖法繁殖。

压条的时间，选在清明以后，气候变暖，植物生长旺盛的时期为宜。

将要埋入土中的枝条的表皮，用刀切割几条伤口，或进行环状剥皮，这样有利于长根。

将待压枝条用手弯出弧形，把它埋入土中，并且压实，防止枝条离开地面。

注意浇水，保持土壤湿润，几个星期之后，所压枝条就会生出根来。生根后，将它与母体分离，用剪子剪开。

身边的很多植物都可以通过这个方法来繁殖，比如石榴树、柳树、杨树、月季花等。

让秋海棠叶长根

这个小活动的目的是让大家熟悉用叶子繁殖植物的方法。

实验用具：一只木箱或纸箱，一些沙土，刮胡刀片。

准备好实验用具后，选用秋海棠花的叶子，采下几片健康、肥硕的海棠叶子。用刀片将秋海棠叶背面的叶脉割断。

取一只木箱或纸箱，把用清水洗净的细沙放入箱内。

把切过叶脉的秋海棠叶片背面紧贴在湿沙土上，把叶柄要插入沙土中。

将木箱放在温暖的地方，温度保持在 28～30℃之间，每天在箱的四周浇水，使沙土保持湿润。

几天后，叶柄和叶背切口处生出不定根，叶正面上长出叶芽，再过几天就可以将小秋海棠移入盆中了。

许多植物都可以按这种方式繁殖，自己动手做一做，是很有情趣的一件事。

向南瓜借根

冬瓜是人们喜欢吃的蔬菜之一。可是，在冬瓜生长过程中，常常会得一种枯萎病，造成大片死苗，影响冬瓜产量。后来发现，病菌是从瓜苗的根部侵入幼根，引起地面茎秆枯萎的。在实践中，人们又发现南瓜根有很强的抗枯萎病能力。你们也许很自然地就会想到，能不能把冬瓜的根换上南瓜根呢？

能！只要把南瓜苗的地上部分切去，接上冬瓜苗不就行了吗？下面向你介绍一种嫁接的方法，叫做靠接。

你来试试，具体做法如下：

春天设法把几粒冬瓜种子播种下去，并且盖上塑料薄膜，温湿度适宜，种子萌发就快。等冬瓜苗出土以后，再播种南瓜种子。几天以后，冬瓜和南瓜的两片叶子完全伸展平直的时候就可以靠接了。

靠接最好选择在阴雨天或者下午两三点钟，气温在 15℃左右。你先认真地挑选好粗壮、无病害、高度基本一致的 2 种幼苗（一棵冬瓜苗，一棵南瓜苗），用铲子把它们连根挖起，放在簸箕里，再轻轻地把土除去，准备靠接。

靠接前，先把手洗干净，刀片也先用酒精擦一擦。用刀片把南瓜顶芽连同一片子叶轻轻地削去。再在植株上部，削子叶那边的茎的上部，从上向下呈 30 度角斜切一刀，深度可达茎粗的 1/2。并且把切口外侧的表皮刮一刮，露出形成层。接着，在冬瓜苗的茎上，和南瓜相对应的高度，沿相反的方向（即由下向上），按照同样的方法斜切一刀（靠接后，使 3 片子叶成"品"字形），达到和南瓜一样的深度，切口外侧的表皮也得刮一刮，也露出形成层。然后，迅速地把南瓜和冬瓜的切口互相插入，黏合在一起。注意两个切口的形成层必须完全对齐，这是成活的关键。可以用手指轻轻地摸一下，看看表面是不是平整，由此作出是否对齐的判断。最后用塑料纸绳把切口缠绕几圈扎紧，靠接就做完了。

这时候，你把接好的苗，移植到有湿土的花盆里，再用广口玻璃瓶扣上，把花盆移到向阳的地方，温度尽量控制在 25～30℃ 之间，保持盆土的潮湿。如果中午太阳光很强的话，可以遮一遮阴；夜间温度太低，也可以设法保温。

大约经过 2 个星期以后，茎的伤口愈合了。不久长出了第一片真叶来，这时候可以把冬瓜苗在接口下面用刀片切一刀，约 1/2 的深度，过 3 天后，再把剩下的 1/2 切断。这样就成了一棵南瓜根冬瓜蔓的新型植株了。

这时候一定要注意遮阴，防止幼苗萎蔫。等植物再长大一些，就可以去掉接口的塑料纸绳。这样长的冬瓜就可以抗枯萎病。

我国劳动人民早在 2000 年前的西汉时期就进行了瓜类的靠接。据古书上记载，当时用 10 株瓠靠接在一起，离地约 17 厘米，把 10 株苗用布缠紧，用泥涂上，接活后剪去 9 株的上部，只留 1 条蔓，让 10 株的根所吸收的养分，供给 1 株上部的生长，果实大而多。

500 年以后，在《齐民要术》一书中，也记载了靠接的技术。开始由同一种作物发展到不同作物的嫁接，由单纯的结大果实，发展到以改良产品的质量为目的的嫁接。

到了今天，嫁接技术就更完善了，不仅同种、同属的植物可以嫁接，就是同科的植物也可以嫁接。冬瓜和南瓜都是葫芦科的植物，所以可以用靠接的方法进行嫁接。

你掌握了靠接技术，就可以根据这个思路去做更多的科学实验了。印度的格勒农业大学的茄子和辣椒上靠接西红柿的实验已获成功，这样培育出来的新型西红柿品种，既可以抗西红柿易感染的细菌性萎蔫病，又可以成倍地提高西红柿的产量。

神奇的动物

动物是多细胞真核生命体中的一大类群，称之为动物界。动物一般不能将无机物合成有机物，只能以有机物（植物、动物或微生物）为食料，因此具有与植物不同的形态结构和生理功能，以进行摄食、消化、吸收、呼吸、循环、排泄、感觉、运动、繁殖等生命活动。

动物的分类动物学根据自然界动物的形态、身体内部构造、胚胎发育的特点、生理习性、生活的地理环境等特征，将特征相同或相似的动物归为同一类，成为脊索动物和无脊索动物 2 大类。

动物根据水生还是陆生，可将它们分为水生动物和陆生动物；根据有没有羽毛，可将它们分为有羽毛的动物和没有羽毛的动物。除以上 2 种特征外，我们还可以用其他的特征将它们进行分类。

动物也有多种分类方法。通过对不同动物的解剖，可以发现有的动物体内有脊椎骨，有的动物体内没有脊椎骨，根据体内有无脊椎骨，我们可以将所有的动物分为脊椎动物和无脊椎动物 2 大类。

萤火虫的秘密

尽管人们很早就对萤火虫有好感，而且用它来为人们做事情。但是，对于它为什么会发光，那还是近代科学家才弄明白的。经过研究发现，萤火虫的腹部有发光器，这个发光器由发光层、反射层和透明层 3 部分组成。发光层里有几千个发光细胞，细胞里有荧光素和荧光素酶，荧光素酶能够使荧光素和氧化合而发光。发光层就好比是电灯泡里的灯丝，而透明层就好比玻璃灯泡，反射层就好比灯罩。那么，荧光素发光时所需要的氧气是哪里来的呢？

那是由发光器周围的气管供给的。氧气充足的时候，光就明亮；氧气不足时，光就暗淡，甚至不发光。这样就发出忽明忽暗的闪光来。

这种忽明忽暗的闪光对萤火虫生活究竟有什么意义呢？是用来照明吗？

不是。如果用来照明，"灯"就应该放在前面。汽车后面有个尾灯，是发信号用的。那么，萤火虫的光是从腹部发出来的，这个"灯"是"信号灯"吗？

它表示什么信号呢？请做做下面两个小实验，你就明白啦。

第一个实验：你用一张像图画纸那么厚的黑纸，做成一个圆锥形的纸筒。把纸筒的尖端剪去一点，成为一个极小的孔。把黑纸筒套在手电筒头上，用线捆紧。光线只能从纸筒尖端的小孔射出。

捉一只萤火虫，用棉线捆在稻秆上。在萤火虫发光的时候，打开手电筒，让细光柱照萤火虫的头部，结果，它的"小灯"就熄灭了；手电筒一关，"小灯"又亮了。如果用手电筒的光照它的身体，就没有这种反应。看来，萤火虫的头部是感知光线的重要部位。

第二个实验：捉一些没有翅的萤火虫，放在小笼子里，把小笼子挂在草地上方的树枝上。当萤火虫发出荧光的时候，就会招来一些带翅的萤火虫，它们也一闪一闪的开亮自己的"小灯"。

我们知道，大多数种类的萤火虫，雌虫没有翅，只有雄虫有翅。可见，亮"灯"是雌雄虫互相联络的信号。

科学家研究证明：萤火虫的闪光，实际上是用来招引异性的一种"灯语"，有点像水兵在舰艇上使用的"旗语"。

美国科学家研究了130种萤火虫，根据它们发光的规律，共分成了4个类型。在每一种类型里，雌雄虫的发光又有自己的特点，当雄虫发出闪光的时候，雌虫就会发出一定的信号来回答，对方"明白"了，雌雄虫才靠近完成婚配。

萤火虫发出的光是一种冷光，它不会产生热。科学家根据萤火虫的发光原理，已经成功地制出了能发冷光的荧光粉，涂在日光灯管的内壁上。日光灯的灯丝通电以后，温度较低，只有40多℃，消耗的电能也很少，而发光效率却是白炽灯的四五倍。所以，日光灯受到人们的欢迎。

呼吸里的魔法

我们呼吸的空气，无论对人、对动物或植物都关系重大。然而，我们

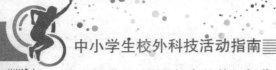

只消耗所吸入的空气中的某一部分，这一部分叫做氧气，它只是我们周围空气的组成部分之一，氧气在我们体内消耗掉，而另一种气体二氧化碳被呼出来，回到空气中。这个小活动的目的是找出"吸入的空气"与"呼出的空气"的差别。

点燃蜡烛，让淌下的热烛油滴几滴在瓶盖上，立刻把蜡烛按在热烛油上，片刻，蜡烛和瓶盖便黏结在一起了。吹灭蜡烛。

另找一只瓶盖，在它的面上涂上凡士林。此盖放置在水桶旁以备后用。

把大口瓶浸没在水桶里，并灌满水，小心地把瓶口倒转朝下，不让有丝毫空气留在瓶内。

把软管的一头插入瓶内，另一头衔在嘴里，注意别让软管打结。对着衔在嘴里的软管吹气，便可看到瓶里的水面逐渐下降，你"呼出的空气"通过软管把瓶子里的水赶跑了。若有伙伴帮着捧住水里的瓶子，这一步骤做起来就很轻松。

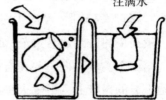

注满水

大口瓶浸没在水桶里

当瓶里的水全部被呼出的空气排挤走后，挪掉软管，把涂有凡士林一面的盖子对着瓶口盖上，小心地把瓶子取出水面，带盖放置在桌上。

点亮蜡烛。把表放在蜡烛旁，准备计时。倒转瓶子，使瓶盖在下。抽掉盖子，同时把瓶子罩住燃烧的蜡烛，当蜡烛完全被罩住时便开始计时。

蜡烛经多久才熄灭？记下读数。

重复上面做法2次，这样便得3个读数。这3个读数相加，然后除以3，便是蜡烛在"呼出的空气"中燃烧的平均时间。

为了把瓶子里的"呼出的空气"全部换掉，把瓶子再次浸没在水里灌满它，然后把水全部倒空，这样瓶里便换成我们周围的"吸入的空气"了。

点燃蜡烛，准备好表进行计时。

再次把瓶子罩住蜡烛，当蜡烛全部被罩住时开始计时。

蜡烛经多久才熄灭？记下读数。

重复上面做法2次，这样便得3个读数。这3个读数相加，然后除以3，便是蜡烛在"吸入的空气"中燃烧的平均时间。

通过本实验，你已看到蜡烛在"吸入的空气"中燃烧的时间比在"呼出的空气"中长些，这是因为"吸入的空气"中包含了较多的氧气。蜡烛维持燃烧需要氧气，而"呼出的空气"中只含少量的氧气，所以蜡烛在这种空气中燃烧的时间就较短了。在"呼出的空气"中包含较多的是二氧化碳气体，它不能使蜡烛燃烧。

进一步研究氧气

通过上一个实验，你知道了"吸入的空气"中包含的氧气多于"呼出的空气"。氧气在你体内消耗掉而使你从所吃的食物中摄取能量。在这个小活动中，我们要进一步研究周围的空气中的氧，你将找出它在空气中所占的比例。

点着蜡烛，小心地滴几滴热烛油在瓶盖上，然后把蜡烛按在热的烛油上，冷却后蜡烛便与瓶盖黏结在一起。

让点燃的蜡烛连盖漂浮在桶内的水面上。

让蜡烛与瓶盖黏结在一起

把大口瓶倒转，小心地罩住点燃的蜡烛，瓶口刚刚浸没在水面之下，仔细观察瓶子里面，你看见了什么现象？

当蜡烛熄灭后，用标签在瓶上标出水面达到的高度。然后把瓶子和蜡烛从水里取出。保留这个带标签的瓶子，本实验的下一部分将用到它。

让蜡烛连盖漂浮在桶内的水面上

试答下题：

（1）当你用大口瓶罩住燃烧的蜡烛时，瓶里充满了空气。维持蜡烛的燃烧是消耗了空气中哪一种成分？

（2）瓶里的蜡烛燃烧时，水为什么会涌入瓶里？

（3）你能否设法计算出瓶里空气含有多少氧气？如果不太清楚，请看下面的实验。

用直尺量出从瓶口到标签之间的距离，这就是涌入瓶里的水所占有的空间，它取代了燃烧的蜡烛所消耗的氧气。写下读数。

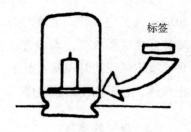

标签

用直尺量出整个瓶子的长度。写下你的读数。它可以代表不曾被燃烧的蜡烛消耗过的原瓶空气的体积。

把从瓶口到标签处的长度除以瓶子的

用标签在瓶上标出水面达到的高度

全长，便是氧在空气中占有的比例。

在这个小活动中，你应用一种方法求出了周围空气中氧的比例，另外还有一种方法可以更精确地测出蜡烛所消耗的氧气，你可以请教老师，他会告诉你这种方法。你应能发现氧在空气中占 1/5，其余部分几乎都是氮气。

蝗虫的呼吸系统

捉来两只蝗虫，一只倒栽葱似的把它整个头部淹没在水里，而身体露在水面外；另一只蝗虫的整个身体浸没在水里，只把头部露出水面。

你想想看，是哪一个蝗虫先淹死呢？

答案会使你觉得奇怪，头露出水面的蝗虫先溺死了，而头淹没在水中的则安然无恙。这是怎么回事呢？

你用放大镜仔细地观察一只大蝗虫的身体两侧，都可以看到一排小圆孔，就好像我们从远处看见一条海船两侧的舷窗一样。

轮船的舷窗是给船舱旅客通风换气的窗口。蝗虫体侧的小圆孔，也是用来换气的"窗口"，叫做呼吸孔，也叫气门。蝗虫就用气门来呼吸。这些气门连接了许多小管子，小管子又有许多分支，遍布整个蝗虫体内。蝗虫体内的二氧化碳和空气中的氧，就通过气门进行交换。

蝗虫的胸腹部两侧，一共有 10 对气门。那么，这 10 对气门中，哪几对是呼气的，哪几对是吸气的呢？我们来做个简单的实验就知道了。

先配一些石灰水：把少量的石灰放在试管（或玻璃瓶）里，再加入 10~15 倍的水充分搅拌，水就变得混浊了。静置一段时间以后，石灰小颗粒慢慢沉下去，水又变清了。这时候，上面的清水就是配好的石灰水了。

你还可以用下面讲的方法来检验制得的石灰水是不是合格。把一些石灰水倒进试管中，用一根麦秆或塑料吸管，用嘴向里面吹气。如果石灰水由清变成混浊的白色，就证明石灰水是合格的。

把这种石灰水分别倒入两个试管（或小口玻璃瓶）里，开始做下面的实验：捉几只蝗虫，剪掉翅和腿。剪两块比试管口径大一些的橡皮膜，中间开个小洞。把蝗虫插进小洞中，使橡皮膜正好箍在蝗虫的从前往后数的第四对和第五对气门之间。

再把两只套好橡皮膜的蝗虫，分别放进两个预先准备好的盛有石灰水的试管中。一只蝗虫头朝上，另一只头朝下。橡皮膜蒙在试管口，用细线捆紧，防止漏气。

不久，你就会发现：蝗虫头上朝上的那个试管里的石灰水，由澄清变成混浊的白色；而蝗虫头朝下的那个试管里的石灰水却没有变化，仍然是澄清的。

这说明，蝗虫胸腹部的 10 对气门中，前 4 对是用来吸气的，而后 6 对是用来呼气的。蝗虫呼出的二氧化碳和石灰水发生了化学反应，最后形成了白色沉淀的碳酸钙。

蜜蜂的"鼻子"

很久以前，德国动物学家佛烈希做过一个有名的试验。他用意大利橘子皮提炼成的芳香油来训练蜜蜂，叫它们熟悉这种芳香油气味。1 天后，他在一个长条试验桌上放了 2 排盒子，共 24 个。每个盒子上面有个活动的盖，盒的前面开一个小洞，蜜蜂能自由进出。在这 24 个盒子当中，只有一个盒子里放着一个小盘子，上面盛有用意大利橘子皮制成的芳香油，其余 23 个盒子里分别滴上其他 23 种芳香油。

佛烈希观察记录了 5 分钟，有 205 只蜜蜂爬进装有意大利橘子皮芳香油的盒子里，而其他盒子只有几只蜜蜂进去，有的甚至一只蜜蜂也没有进去。

佛烈希注意到，凡是能吸引蜜蜂的芳香油，基本原料都是柑杏果实制成的。可见，蜜蜂的"鼻子"喜欢闻柑橘的香味。

那么蜜蜂的"鼻子"究竟在什么地方呢？

你通过下面这个简单的实验就能够弄清楚。

先做一个纸盒，上面做个可以活动的盖，前面也开个小圆孔。在盒内放一个小瓶盖，装上一些白糖水，盒里再放一个芳香诱人的柑橘，使蜜蜂爬进去，就能嗅到柑橘挥发出的芳香气味。让蜜蜂从这只盒子爬进爬出几次，受到了训练。

好，下面你这样做：把纸盒中的蜜蜂拿出来几只，分别剪去尾端的毒刺，以防止它们蜇人。然后，在放大镜下面，再把触角的前7节剪掉。经常看看蜜蜂是不是能够找到放有柑橘的纸盒。你可以到，无论纸盒孔朝向哪边，这只蜜蜂都能够找到洞口。触角被剪掉了7节，它仍有嗅觉功能，说明蜜蜂的"鼻子"不在这7节里面。

下面，你把剪掉7节触角的蜜蜂，再剪掉1节，或者另捉一个受过训练的蜜蜂，剪掉它触角的前8节，再进行观察。你会发现，当放有柑橘的纸盒移动位置以后，这只蜜蜂会东奔西跑地再也找不到那个纸盒的圆孔了。假如它偶尔也钻进了纸盒，那纯属巧合。

从上面3个步骤的实验来看，可以肯定蜜蜂的"鼻子"是在触角的前8节上面。

科学家用显微镜观察了工蜂的触角，发现触角表面大约有6000个小孔；而雄蜂的触角有3万个小孔。这些小孔里面长有嗅细胞。蜜蜂对花朵的辨认，大多依靠嗅觉。

科学家还发现，蜜蜂的触角，对蔗糖汁还有味觉的反应。可见它的触角既能当鼻子用，又有舌头的功能。

昆虫的种类繁多，"鼻子"的形状、位置也多种多样。比如，苍蝇的"鼻子"长在脚底下。在显微镜下面，你就可以观察到苍蝇脚的末端有1对"钢钩"，它下面有1对半透明的扇形器官，表面还生有密毛，那就是苍蝇的"鼻子"。另外，苍蝇的头顶上还有"鼻子"的构造。

用电子扫描显微设备拍摄蚜虫的触角，它的基节上面有许多外形很像一朵一朵波斯菊花似的感受器，这种感受器能感受声音、气味和气流，可以起到鼻子和耳朵的作用。

蚂蚁认路

你知道蚂蚁是怎样认路回家的吗？科学家通过许多实验，发现蚂蚁有好几种活动路标。比较普遍的是气味路标。你看，蚂蚁走路的样子很像盲人。蚂蚁的触角跟盲人手里的竹竿一样，它每走一步，都要用两根"竹竿"不断地敲地，这也是在探路。

蚂蚁的触角比盲人的竹竿还灵。因为这对触角有 2 种功能：①触觉作用，通过触角接触外界，就能探明前面物体的轮廓、形态和硬度，以及前进道路的地形起伏等情况。这种作用跟盲人的竹竿完全相同。②嗅觉作用，通过闻味进行识别。这是盲人的竹竿所没有的。原来，蚂蚁一边走路，一边从腹部末端的肛门和腿上的腺体里，不断分泌出少量的、带有特殊气味的化学物质，叫做标记物质，沾染在路上，留下痕迹。远离蚁巢的同窝蚂蚁，回巢的时候，就用它的特殊鼻子——触角，来闻着这条气味路标前进，这叫做"气味导航"。

下面请你做个小试验：用手指在蚂蚁回家途中用劲抹擦几遍，破坏它原来的化学气味路标，或者放上一个卫生球，让卫生球的气味压盖标记物质的气味。这时候，你会看到许多蚂蚁爬到这个地方以后，顿时停止前进，就地乱作一团。因为它们一时闻不到原来的气味，所以暂时迷失了方向。如果继续观察，你会发现，过不了多久，它们用触角互相碰，好像在交头接耳地互相转告："前面的路标已破坏，得赶紧想办法"。它们走走停停，在周围兜圈子。最后，它们会设法绕过异味线，重新建立回巢的新路线。

那么，蚂蚁是用什么办法重建新路标的呢？一般是采用另一种定位手段。

那就是靠太阳的位置来导航，又叫天文路标。这个秘密，在很早以前就被法国昆虫学家法布尔发现了。好，下面也请你来试一试：找一只拖着食物回巢的蚂蚁，用一个密不透光的纸盒把它扣上（火柴盒就可以）。这时候，请你顺着它原来前进的方向在地上画一个箭头作为记号。

3 小时以后，你再掀开这个纸盒，就会看到蚂蚁不按原来的方向前进，反而急急忙忙奔向另外一个新方向。这时候，你在这条新路上再画一个箭头。最后你用量角器量一下，发现新路和老路形成的夹角，大约是45度，正好是蚂蚁被关闭期间，太阳横越天空时移动的角度。可见，蚂蚁是用太阳的位置来定向的。

要说明的是，它原来前进道路上的气味路标，也可能仍然存在，也可能消失了，因为不同种的蚂蚁，分泌的标记物质残留时间的长短不同。这时候，不管原来的气味路标是不是在，它都可能利用太阳定向。

利用太阳来定向的昆虫很多，除蚂蚁外，还有蜜蜂、蝇类、金龟子等。

在其他动物中，比如鲎和水蚤也用太阳定向。这些利用太阳的位置来定向的动物，主要是对太阳的偏振光非常敏感。因为阴雨天气，乌云密布的时候，太阳的偏振光仍然可以穿过云层到达地面。所以这些对偏振光敏感的动物，在坏天气里仍然可以用太阳来定位。

以上是蚂蚁认路最常用的2种路标。科学家认为，蚂蚁在认路时，这2种路标是交替兼用的。但在一般情况下，蚂蚁首先是用气味标记物质来认路的。

美国科学家已经搞清了一种蚂蚁的标记物质，叫做菲罗蒙素。这种物质具有很难消失的特殊气味，蚂蚁就是靠分泌这种物质来觅食和返巢的。科学家已经用人工方法合成了这种物质，并且用来灭蚁。美国东南部常遭受"利黑太尔"蚂蚁的袭击和破坏。如果用大量的杀虫剂消灭它们，会伤害周围有益的生物。如果在杀虫剂中加入人造菲罗蒙素，那么，就会把蚂蚁成群地吸引来，集中消灭，这样，只要用少量的杀虫剂就能收到非凡的灭蚁效果，而且减少了周围环境的污染。

据报道，美国哈佛大学生物学家霍特勃勒在研究非洲臭蚁的时候发现：蚂蚁还可以用图像作为路标。这种方法叫做"按图导航"。当时，特勃勒在非洲的森林中发现了这个现象，然后，他就把蚂蚁带回实验室。他在实验室的天花板上糊了一幅巨大的非洲森林阴影的透明图像，在图像的后面装有照明灯。实验室黑暗的时候，蚂蚁无法辨别回巢的方向；但是灯一亮，蚂蚁就顺利地返巢了。这说明非洲臭蚁确实是以森林阴影的图像作路标进行活动的。

蚂蚁突围

捉一只蚂蚁，最好是大一点的，把它放到光滑的桌面上。然后用手指蘸点清水，在它周围画一个直径约 8 厘米的圆圈。由于光滑的桌面不怎么吸水，所以水圈就高于桌面，对蚂蚁形成了一道封闭的水墙。只见它行色仓皇，往返奔跑，不停地晃动着的触角一接触到水墙就急忙掉头，奔向另一个方向。

大约 3 分钟后，它开始意识到，这样奔波是徒劳的，自己已陷入了一个全封闭的水圈内。只见它突然昂首奋起，悲壮地跃上"河道"浮水而去。它很快发现这水面并不宽阔，自己终于冲出包围，获得了自由。

在这只刚刚获得自由，在桌面上匆匆奔走的蚂蚁周围，用清水再画一个同样大小的水圈。请注意观察，这一次它是在徒劳往返多少时间后，作出爬上水墙游出去的决定的？不到 1 分钟。而当你使它第三次身陷水圈时，它仅用 20 秒钟左右就作出了判断：爬墙突围。有趣的是，当它第四次碰上水墙时，竟毫不犹豫地直冲水面而去。显然，这只蚂蚁的行为一次比一次带有经验性。

这是蚂蚁的条件反射的表现。第一次冒险的成功，给它以一新的刺激。第二、第三次冲出包围圈，加深了这一刺激，以致使它认为"遇到水墙只管冲过去就是了"。

通过这个小实验，你一定会对蚂蚁能在这么短的时间内形成如此明显的条件反射，留下深刻的印象。如果你有兴趣，第五次不妨用一片"汪洋大海"来包围这只蚂蚁，等它在水面上游得精疲力尽时，用一小竹条帮它脱离水面，然后放回这大海中的孤岛上去，看看它恢复元气后又会采取什么行动。

观察和研究动物的行为是一件很有趣也很有意义的事。这里再介绍一个表明蚯蚓有辨别电流方向本领的小实验。

准备一节正、负极各焊接着一根细导线的干电池。取一张练习簿大小的白纸，放到盛有清水的脸盆里，浸湿后即取出，平铺在桌面上。把一条事先挖到的蚯蚓放到白纸上，认清哪一端是蚯蚓的头部，哪一端是尾部。蚯蚓移动时，一定是头部先往前伸，拉长身体，然后收缩尾部。

把与干电池正、负极相连的导线，分别沿纸面慢慢移近蚯蚓的头部和尾部（移动时应保持导线与纸面接触良好）。此时你可看到蚯蚓收缩身躯，蜷曲成一团。让导线与纸面脱离接触，蚯蚓便伸展身子又开始了移动。现在，请你把与正极相连的导线移近蚯蚓的尾部，与负极相连的导线移近蚯蚓的头部，蚯蚓的反应便与刚才不大相同，它会把身体尽可能地伸长，直到沿正、负极连线方向成一条直线，且保持不动。你不妨反复变换与蚯蚓头部、尾部接近的导线的极性，便可发现它总是按上述规律作出反应，让人相信它有识辨电流方向的本领。

如果你想证实一下昆虫触角的嗅觉作用，还可做一个简单、有趣的对比实验。

捉4只蟑螂，把其中2只的触角剪去，关在一只火柴盒内。把另2只没剪去触角的关在另一只火柴盒内。2~3天后，准备2只空脸盆，在每只脸盆里相隔不远处，放上一点食糖和一点木屑。先把没剪掉触角的2只蟑螂放入一只脸盆中，你会发现它们摆动着头上的那对丝状触角，去碰碰食糖，又碰碰木屑，然后爬到糖堆上啃食起来。再把另2只触角已被剪掉的蟑螂放入另一只脸盆中。你会发现它们爬来爬去，碰到什么就啃食什么，甚至明明是在吃糖的那一只，过了一会儿又到木屑堆上吃了起来。显然，没有了触角，它们已无法分辨出什么是能吃，什么是不能吃的食物了。

鱼能辨别颜色吗

鱼能不能辨别颜色呢？这是许多人不大清楚的问题。请你做个小实验来求得答案吧！

你设法养几尾小鱼。每次喂鱼的时候，都用一个蓝色的碟子装上饵料放进鱼缸。久而久之，鱼一看到蓝碟子，即使上面不放饵料，它也会很自然地游过去；如果你把红碟子放下去，同时用棍子或其他东西来戏弄它，经过一段时间以后，鱼一看到红碟子，就乱逃乱窜。

如果你养了几种小鱼（鲤、鲫、鳟、泥鳅或者热带鱼），还可以做这样的实验：在每个鱼缸里，用吸管轻轻地滴进几个鱼虫。你会看到，不同种的小鱼，捕食鱼虫的距离不同；如果放进去几粒木屑，小鱼捕食的距离也不同；还可以在室内明暗不同的地方对小鱼的视力进行测试，也会发现它们的视力是有区别的。

通过以上简单的实验，证明鱼是能够辨别颜色的。科学家利用各种各样的鱼进行实验，发现有些鱼能辨别出红、橙、黄、绿、蓝、靛、紫七种颜色，尤其对红、蓝两色，大多数鱼类能够敏锐地辨别。潜水服大多采用红、蓝两色，也是根据鱼眼能辨色的道理。比如，鲨鱼害怕红色，潜水员穿上红色的潜水服就能保障自身的安全。

科学家用不同颜色的光，对鱼类进行试验，发现鱼类不仅可以辨别各色光，而且对各色光还有不同的反应，特别是鳀鱼、鲭鱼等对色光更为敏感。

比如，在短波光线（如紫光、蓝光、绿光）作用下，鱼的行动就很活泼，活动范围也比较大；而在长波光线（如红光、黄光）作用下，鱼的行动就变得迟钝了，活动范围也变小了，这时鱼群就都集中在灯光附近。

人们掌握了鱼类对光线的反应特性以后，对渔业的发展很有帮助。渔民把长波的红灯放在水下，鱼群很快聚集前来，然后，人们用拖网或围网进行捕捞。从 20 世纪 50 年代起，人类已经利用灯光捕鱼，大大提高了产量。沙丁鱼类和蓝圆鲹（鲭类）就是灯光捕捞的主要对象。

❧ 如何制作生物标本 ❧

在自然科学中，常会提到"标本"一词。什么是标本？根据字意和不同的引用范围，对标本有不同的解释。标本有表里、内外、本末的意思。就教学科研来说，标本通常是指能够提供观摩、研究用的经过整理而保持原形的动物、植物、矿物等实物样品。这一宏观概念比较简要明确。

＼ 制作生物标本的意义

在生物教学、科研工作中，经常要做些生物标本的采集、制作活动。生物标本是指经过加工保存，保持原形或特征，供生物教学、科学研究或陈列观摩用的动物、植物和微生物。生物标本依制作对象不同，可分动物标本、植物标本和微生物标本；依制作方法不同，可分干制标本、浸制标本、剥制标本、蜡叶标本、玻片标本等，也有把剥制标本和蜡叶标本列入干制标本的。

生物标本的教学意义

生物标本的用途是多方面的，在科学研究和生物教学方祛的选择上都离不开生物标本，在绘图、展览、观赏等方面生物标本也有重要作用。

就科学研究来说，生物标本可以为科研工作者提供最直接、可靠、精确的直观实物及有关数据，对于在室内深入研究动植物的生活、生长及发育规律有重要意义。例如，植物分类学家在对各种植物进行系统分类时，必须以植物标本作为主要依据，分析它们之间在根、茎、叶、花、果实、种子等方面的相同点和不同点，正确判断出它们的特征，才能对每一种植物作出准确无误的鉴定。我国明代杰出的医药学家李时珍，重视临床实践，主张革新，经常上山采药，深入民间，向农民、渔民、樵夫、药农请教，同时参考历代医药及有关书籍，并收集整理宋、元时期民间发现的很多药物，充实了医药学内容，经过 27 年的艰苦努力，著成《本草纲目》一书。在这部巨著中，李时珍根据对植物标本的分类、定名、鉴定，使一些由于不同药物有着同一名称，同一药物有着不同的名称所引起的混乱得以澄清，书中共收集原有诸家《本草》所载药物 1518 种，新增药物 374 种，是我国医药学的一份宝贵遗产。

在生物教学中，生物标本的用途更加广泛。中国有句成语，叫做"百闻不如一见"，即使在科学技术比较发达的今天，这句成语仍然符合实际。在课堂里，常常会出现这样的现象：教师在讲台上无论怎样用生动具体的语言描述某个动物的特征，讲台下听课的学生仍然无精打采，提不起精神；但当教师出示了这一动物标本后，课堂气氛顿时活跃起来，学生的注意力集中到这个形象而生动的"动物体"上，教师的讲解把他们带进一个引人入胜的境地，使他们一面听讲，一面观察，大脑也同时在记忆、思考。这样的生物课，教师教得生动活泼，学生学得津津有味，而且懂得快，记得牢。

生物标本在课外科技活动中的意义

在生物课外小组的活动中，生物标本的采集与制作是备受师生喜爱的一种活动。采集标本意味着学生必须走向大自然，开阔视野，活跃思想，启迪思维；制作标本时，学生不仅亲自动手做出栩栩如生、招人喜爱的生物标本，而且进一步巩固了所学的生物学知识，提高了自己的观察能力和动手能力。

另外，在自然博物馆里，我们常常可以见到许多珍贵的动植物标本，这些生物标本的展出，为广大青少年和科技工作者提供了学习生物学知识的条件；在商店的柜台上和窗橱中，常常摆设有生物标本，这些被制成各

种形态奇特、活灵活现的生物工艺品，可供广大群众观赏、购买。

最后，在绘画和制图方面，生物标本还是最形象、直观的临摹道具。

生物标本采集制作的基本原则

采集和制作一件合格的生物标本，不是一件十分容易的事，这不仅需要经过一系列的加工处理，而且要严格遵循有关的基本原则。

生物标本的真实性原则

生物标本若失去了真实性，那就没有一点价值，并且也毫无意义。如果在做生物标本时不使用生物体本身，而采用其他什么东西代替，这样炮制出来的"标本"就不能称其为生物标本。对于不同动植物体的不同部分是不能拼凑的，必须防止以假乱真而失去标本的真实性。真实性原则要求生物标本一定是实实存在的生物实体。

生物标本的典型性原则

典型性是指所采集的生物标本必须是能够体现这一物种的最突出的特征，并且这些特征是最明显、最能说明问题的。为此，一定要采集那些具有典型特征的生物体，不典型将会给分类、定名、识别、辨认带来许多不必要的麻烦。

生物标本的完整性原则

完整这个词大家并不陌生，就是指生物体不能缺东少西，丢这掉那，而应是一个完全的整体。例如，一棵植株包括根、茎、叶、花、果实、种子，制作一个完整的草本植物蜡叶标本，这六个部分就应完整无缺；如果在采集时不慎碰坏了花，丢了果实或弄断了根，这棵植株就不宜再做标本，做了也已失去它本身的生物学意义。因为植物生长发育有阶段性，所以通常不易一次采集到花果俱全的植株整体，而需要根据不同种类的植物花期、果期分次补采齐全。

以科学性为主、艺术性为辅的原则

生物标本在制作技术、定名等方面都应尊重科学，即生物标本应具有科学性，这是不言而喻的。但我们同时还应注意生物标本的艺术性；有些标本的确科学性很强，但粗制滥造，叫人看起来很不舒服，这也是不可取的。因此，制作生物标本是科学性与艺术性相结合的一项技术操作。相对来说，属于科普范围内的生物标本，在强调科学性的同时，有必要在制作过程中适当配合一些工艺手段，像标本的姿态和配装一些简要的背景，以及适度的装潢等。但是，既然是生物标本，就应以科学性为主，艺术性为辅，一些不必要的加工缀饰不宜喧宾夺主地过于发挥，以免失去标本的科学应用价值，也就是说，应该注意保持生物标本的科学严肃气氛。例如，在中学植物标本竞赛中，有的参赛标本适当加饰了彩色吹塑纸作为标本的衬托，外观比较协调大方，但是有的标本在衬托之外又粘贴了不必要的花边，费了较多的工夫，实际上反倒破坏了标本的严肃性。

植物标本的采集方法

采集植物标本和采集其他标本一样，要有目的、有计划地进行。现先将采集要点简要介绍如下。

采取全株

采集草本植物通常是选择典型、完整的进行全株挖取。扎根较浅，土壤疏松时，可用手提、手拔；根系较深、土质较硬时，不可轻易拔取，要用小铁铲在根部周围松土浅挖，顺势将植株提出；有的还要用小铁锹深挖，扩大挖面，待露出主根后再设法取出，谨防折断主根。

所谓典型，是指所采的标本要具有明显的分类特征，在同种植物中有较强的代表性。所谓完整，是指整株标本的根、茎、叶、花、果俱全，并基本完好无损。由于植物的生长发育阶段不同，遇到尚未开花、结果时，可先采下植株，留下标记，记下采集地点，待花、果期再来补采配齐。

每种植物标本一般采集8～5份，教学所需以及珍稀、奇异或有重大经济价值的植物，可酌量多采几份。寄生植物如菟丝子、桑寄生等，采集时要把它们的寄主植物也采下一些，两种标本放在一起，并注明它们之间的关系。有些植株上的部分结构是分类鉴定时的重要依据，则应尽量选取采齐，如十字花科、伞形科、槭树科、紫草科植物的果实，沙参属、益母草属及伞形科的基部和茎上的叶片，兰科、杜鹃属等植物的花，百合科、兰科、薯蓣科、天南星科、石蒜科、莎草科、茄科、旋花科、桔梗科等某些植物的地下部分（球茎、块根、鳞茎、块茎、圆锥根），以及鸢尾科、蕨类植物的根状茎等，都是分类上的重要依据。蕨类植物还必须采取有孢子囊群的标本，有匍匐茎的植物应和新生的植株一并采下。

编号记录

采下的标本要及时编号挂签，同种数份（个）要挂同一编号的小号签。号签挂在植株中部，这样不易脱落。挂好号签后即将有关标本的一些情况进行登记，按要求内容填写到记录本上。

记录内容也可根据专业需要予以增减，但要做到采后即记，当天清结。

标本处理

采下的标本挂上号签后，要及时进行初步整理并放入标本夹。入夹前先将植株上的浮尘污物抖下或用湿布轻轻拭去，粘连在根部的泥土也要去净。然后摘除破败的叶片等，略作清理，再在标本夹的底板上铺垫5张吸水纸，把标本平放在吸水纸上，舒展枝叶，使叶片有正面也有反面。接着在标本上垫吸水纸3张，以后随放随垫。垫纸时要注意垫实垫平，上下层的植株根部要颠倒着放，以保持标本夹的压力均衡。根部较粗、果实较大的标本放进标本夹加压时容易出现空隙，使部分枝叶受不到压力而卷缩皱褶，这时可用吸水纸将空隙填满垫平，再盖上盖板，加压扣紧，继续另采。

　　上面讲的是高度一般不超过 40 厘米的草本植物的处理方法。如植株较高，可将植物茎折曲成 N 或 W 形压放，高秆植物可先取下顶部的花，再截取根部和部分带 1～2 片叶的茎，如此分做三段制成标本。截取前要先量下整株的高度，以供鉴定参考。

植物标本的处理方式——直放

植物标本的处理方式——N 形

植物标本的处理方式——W 形

植物标本的处理方式——三截式

植物标本液浸法

用液浸法保存植物标本，关键在于保色、防腐。

普通标本液浸法

用福尔马林 50 毫升、酒精 300 毫升，加蒸馏水 2000 毫升配制而成。这种浸液可使植物标本不腐烂、不变形，但不能保色。

绿色标本液浸法

把醋酸铜粉末徐徐加入 50% 冰醋酸溶液中直至饱和，作为原液。原液加水 3～4 倍后，放在容器内加热至 85℃，然后将标本放入，由于醋酸把植物叶绿素分子里的镁分离出来，使标本开始退色。但是，随着醋酸铜中的铜原子代替了镁，植物体又重新显现出绿色。此时应及时取出，用冷水冲洗干净，放进 5% 福尔马林液中，用熔蜡封闭标本瓶口，即可长期保存。

如果植物比较细嫩而不便加热，或表面被有蜡质而不易浸渍，则可用饱和的硫酸铜溶液 750 毫升，加 40% 福尔马林液 500 毫升，再加蒸馏水 250 毫升混合，将标本放入其中约 10 天后取出，用清水冲洗，再浸入 5% 福尔马林液中保存。此外，还可以将标本放入 5% 福尔马林和 5% 硫酸铜的混合液中，置 1～5 天，使硫酸铜浸入植物体内而着色，取出后再放入 5% 福尔马林液中保存。

黑紫色标本液浸法

福尔马林 500 毫升，饱和氯化钠溶液 1000 毫升，再加蒸馏水 8700 毫升，待止静后将沉淀滤出，即可做浸液保存黑、紫及紫红色植物标本，如保存黑色、紫色、紫红色葡萄等标本效果较好。

另一种是用福尔马林 10 毫升，饱和盐水 20 毫升和蒸馏水 175 毫升混合而成的浸液，经试用对紫色葡萄标本有良好的保色效果。

白色或黄色标本液浸法

用饱和的亚硫酸 500 毫升、酒精（95%）500 毫升和蒸馏水 4000 毫升配成溶液，有一定的漂白作用，液浸后标本较原色稍浅一些，但增加了标本的美感，用以浸制梨的果实标本效果较好。

植物标本干制法

浸制的瓶装植物标本在使用、移动、保存以及对外交流方面有很多不方便，所以人们更乐于采用干制法来制作植物标本。干制植物标本的方法有很多，这里仅选取较有代表性的几种方法，向大家作一简单介绍。

透明胶带粘贴法

总的来说，用透明胶带粘贴法来制作植物标本有很多好处，它利于传阅、保存。用透明胶带粘贴法制作植物标本可以分为 3 个步骤。

（1）选择植物。宜选取含水分较少的枝、叶、花等。含水分多的植物如仙人掌类的茎、花等不易脱水，容易霉烂，不宜选制。

（2）加工整形。小型的开花植物，可略加整理，拭去浮尘，摘掉重叠的不必要的旁枝侧叶，即可准备粘贴。

枝干较粗时，可用解剖刀将枝干纵向剖去一部分；剖面要削平，以便上纸粘贴。

花朵较大时，可将花的下半部分用解剖刀去薄切平，只留完整的正面，以便粘贴胶带。也有将花朵全部剖开，只粘贴花瓣、花蕊等部分结构的。

（3）衬纸粘贴。为衬托花、叶颜色，先根据花、叶的原色准备好相应颜色的电光纸，例如红花就以红色电光纸做衬纸，绿叶就以绿色电光纸做衬纸，把花、叶等分别放在不同颜色的电光纸上，用适当宽度的透明胶带自上而下地压住。

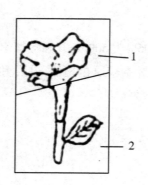

标本放在电光纸上

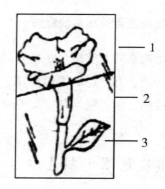

粘上胶带

1. 红色电光纸　　2. 绿色电光纸　　3. 透明胶带

　　用圆头镊子尖沿着花、叶边缘把透明胶带各压一周圈，使胶带边缘紧紧压在电光纸上。

　　再用弯头小剪刀把已压好的花、叶紧靠边缘剪下。

　　剪下的花、叶标本，可在衬纸背面涂上胶水，根据标本的大小另粘在不同尺寸的台纸上，然后加贴标本签，放入书页或植物标本夹内，几天后即可取出存用。

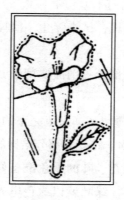

胶带压边

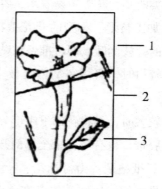

胶带衬纸粘贴植物标本

　　请注意，目前市售的透明胶带宽窄不一，有的仅 1 厘米左右，也有 8～5 厘米的，可多备几种，根据需要选用。透明胶带要注意妥善保存，最好放在洁净的塑料袋内，防潮、防热、防尘，保持胶带的洁净透明。

植物叶片拓印法

植物叶片是植物鉴定分类的重要依据，采集各种叶片，用颜料着色，将它们拓印下来，制成比较系统的拓印叶片，虽然不属于植物标本，但对帮助学生辨认叶片，巩固基础知识，以及通过课外辅导培养动手操作能力等方面，都有一定的作用。

用彩色颜料拓印叶片，操作简便，叶片轮廓和叶脉基本清晰，易于保存。它的具体操作步骤如下：

采叶：有目的地采集叶片。如准备拓印一套以整个叶片外形为主的分类叶片，可分别采集卵形、圆形、椭圆形、扇形等叶片。

每种叶片选取3~5片，压在书页内作为拓印的模板。选取的叶片以典型、完整、叶脉纹理较深刻为最好。

拓印：先把叶片轻拭干净；把颜料（广告画颜料或一般水彩颜料）放入调色盘（皿）内，加适量清水稀释调匀，不可过稀或过稠；用毛笔蘸上已调好的颜料，在叶片正面轻轻涂刷均匀，不要涂刷太厚。有的叶片一时不易吸附颜料，可以连续涂刷多次；叶片着色均匀后，立即用白纸（应选用吸附性能好的一般白纸；较厚或较光滑的纸拓印性能差，不宜选用）盖在上面，并在纸上往复轻按盖在纸下的叶片，整个叶片按摩均匀，然后把纸翻过来，用镊子轻轻取下叶片，此时纸上显出清晰的叶痕，拓印即告完成。也可把叶片盖在纸上拓印，效果相同。

稀释、涂刷颜料和拓印操作反复进行多次，摸索出经验，就能较熟练地印出清晰美观，既有科学性又有艺术性的拓印叶片来。

拓印成套的植物叶片，可将各种叶片安排在同一张纸上，分次拓印；也可以将各种叶片单独拓印，印好后剪下，再分别粘贴在标本台纸上。如果在拓片表面再粘贴一层透明胶带，则更加美观，易于保存。

在已拓印好的叶片下方要注明属于何种叶形（叶脉）和采自何种植物。拓印完毕，可用清水把叶片刷洗干净，擦干，压在书页内，作为原版保存。

叶脉标本制作法

对植物的叶片加工处理，脱去叶肉制成叶脉标本，是中小学生乐于参加的一项课外科技活动。制成的叶脉标本，在叶柄上系一条彩色小丝带作为书签也很实用。叶脉标本的制作方法很多，这里我们简单地介绍一些。

煮制法制作叶脉标本

煮制法是人们制作叶脉标本较为常用的方法之一。用煮制法制作叶脉标本较为简单，只需要 3 个步骤。其制作方法如下：

（1）选采叶片：宜选用叶形美观、质地较坚韧、叶脉网络较密而深刻的叶片，如杨树叶、桂花叶、榆树叶等。薄嫩的或行将干枯的叶片不适宜。最好在深秋季节，叶片初黄较老时采叶，采集的叶片要求完整，无机械损伤，未受病虫侵害。比如，生有褐锈病斑的叶片，煮后脱去叶肉，由于残留的病斑不易脱净，常给操作带来麻烦，这样的叶片就不能采用。

（2）除去叶肉：往烧杯里放 5 克碳酸钠和 8 克氢氧化钠，加水 1000 毫升配制成溶液，用玻璃棒调匀，加热使之沸腾，然后把用清水洗净的叶片投入烧杯。为了把叶片煮匀并防止把叶柄煮坏，可以把叶柄用铁夹子夹住，每个铁夹子上平行地夹着五六片叶子，用铁丝吊着放进烧杯，叶片浸入溶液，叶柄则悬起在溶液之上，这样既免去了叶片的互相粘连而浸煮不匀，又可以使叶柄免遭不必要的浸煮。

浸煮叶片的火候要掌握好，浸煮时间要适当。根据火力的大小和叶片的质地，一般在煮过 10 余分钟后，要从烧杯中取出一片放在清水盘里，用棕毛刷轻轻拍打几下，看看叶肉的剥脱情况，如果叶肉已经达到易于脱下的程度，就应该马上停火。

经验表明，浸煮到叶片表面出现大小不一的凸泡时，就是叶肉容易剥脱的时刻。煮好的叶片放入清水盘，漂净药液和脱下的叶肉残渣。这时叶肉大部分还没有脱离叶片，需要另换一个清水盘，盘内斜放一块玻璃板

（或小木板），一半浸入水中，一半露出水面。接着把单张的叶片平展在露出水面的玻璃板（或小木板）上，用棕毛刷沾水轻轻拍打叶片，把拍打下来的叶肉冲入水盘内。拍打叶片要反正两面拍打，最好先拍打反面，然后翻过来拍打正面。拍打时不可用力过猛，尤其是靠近叶柄的部位，更得轻轻拍打，以免打破叶脉，打断叶柄。

（3）着色处理：为使叶脉着色鲜艳均匀，染色前要先行漂白，放在10%～15%的双氧水中浸泡2小时左右，叶脉即退色变浅，接着把漂白后的叶片放到清水中冲洗，取出后放在吸水纸上吸去残余的水分，尔后平放在玻璃板上，调好染料进行着色。染料可选用染布颜料或染胶片用的透明颜料，也可用彩色水笔所用的颜料，颜色可任意选择。如用水彩笔颜料，可直接均匀滴在叶脉上，不用笔刷或浸染，叶脉即可良好着色。把已着色的叶脉放在吸水纸上，或夹在废旧书页内阴干压平，即成为一种颇有特色的叶脉标本。如在叶柄上系一条彩色小丝带，它又成了一叶别致的"叶脉书签"。

水沤法制作叶脉标本

将叶片浸入缸（罐）内水中，水要浸过叶面，置于温暖处浸沤。由于水中杂菌不断污染叶片，叶肉逐渐变腐，视叶肉腐变程度，当它已易于脱落时，即可按上述煮制法中用棕毛刷拍打叶片的方法脱去叶肉。接着漂白、着色，操作方法和步骤均与煮制法相同。

昆虫标本的采集方法

昆虫种类繁多，习性各异，应根据不同虫种的生活习性和栖息、活动场所，分别采用不同方法进行捕捉。现将几种主要采集方法简介如下。

捕虫网捕虫法

捕虫网是捕捉在空中飞的昆虫的工具，其操作步骤有下列几点：

（1）观察虫情。采集昆虫标本有定点采集和随机采集。①定点采集是预先选好某种昆虫经常栖息、活动的场所进行一定范围的搜索捕捉。如菜粉蝶多在甘蓝等十字花科蔬菜田间上空飞动，花椒凤蝶多在花椒树附近上空盘旋飞动，这些地方虫量较多，可选择性强，适于定点单项采集。②随机采集属于一般考察采集，在一定范围内广泛收集各类昆虫，或者遇到就采，或是有计划、有目的地择采。不论是定点采集还是随机采集，初到采集现场，不能操之过急，先要冷静地观察虫情。尤其是在虫量不多的情况下，更应仔细观察动静，摸清其飞动规律，包括飞动的高度、速度、方向等，结合当时的风向、风速等气象因素，再立意做好准备，开始挥网捕捉。

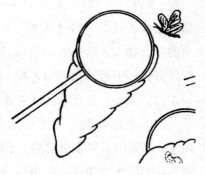

捕虫网的使用方法——顺势兜捕

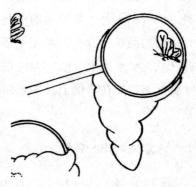

捕虫网的使用方法——虫入网袋

（2）顺势兜捕。摸清虫情后，待其再次飞临，可用目测方法判断出其飞动方向、高度和速度，结合风向、风速等条件，手握网柄、瞄准方位，等进入有效距离后顺势举网一挥即可捕之入网。所谓顺势兜捕，就是在静观不动的情况下，根据昆虫飞临方向，或迎面或从侧面选择最佳捕位，出其不意，一举入网，如一网失误，不必尾追，而是以逸待劳，一网不入，再等二网。

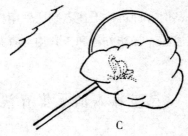

C

捕虫网的使用方法——翻封网口

（3）翻封网口。一旦虫入网内，要随即翻转网袋，把网底甩向网口，封住网口入网的昆虫才不致逃逸。挥网捕虫和翻封网口是连续、快速的两个动作，也是用网捕虫的一项基本功。

（4）取虫入袋。入网的昆虫需立即取出。取虫时先慢慢收缩网袋，减小它在网内挣扎活动的范围，然后待其稍停，趁势隔着网袋用手轻捏虫胸，使它停止活动，再用小镊子伸进网里，夹其翅基取出，放入毒瓶致死后转放到三角纸袋内。

灯光诱捕法

多种昆虫具有趋光性，主要是因为它们复眼的视网上有一种色素，这种色素只吸收某一种特殊波长的光，刺激视神经，通过神经系统影响运动器官，从而使它们趋向光源。利用昆虫的趋光性，在夜晚设置光源诱捕，也是采集昆虫标本的一种方法。

我国劳动人民早在数千年前就有利用灯火诱杀害虫的实践。过去使用的光源，主要是各种油灯、汽灯、电灯等，都有一定的诱虫效应。现在认为比较理想的光源是黑光灯。黑光灯对一些慕光的昆虫有强烈的引诱力，而且耗电量较普通电灯节省，所以是一种经济有效的诱捕工具。

架设黑光灯，可用木杆或铁制三脚架。在一般比较开阔和田野上，灯管下端，以距地面1.7米左右为宜；如在特殊作业区，如高秆作物（玉米、甘蔗等）区，需高出植株0.35～0.7米左右，以免灯光被遮掩。黑光灯的灯管目前市售的有20瓦、40瓦的，可根据实用范围选定。灯管的放置方式，各地试验证明，竖置的较横放的诱虫效果好。毒瓶需用时安放，当晚作业完毕即行收回。如属临时定点采集，开灯时间以当地傍晚常规点灯时间为准，一般需延至次日凌晨2～3时，由于不

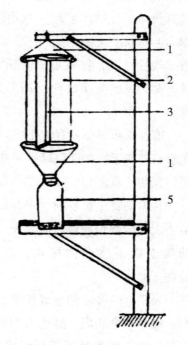

黑光灯的装置

1. 防雨帽　2. 挡虫玻璃板

3. 黑光灯管　4. 集虫漏斗

5. 毒瓶

同的时间有不同的昆虫出没，所以应组织好人力分班轮流看守，坚持采集。如属定点常年系统收集，则需用大型毒瓶，内放纸条，锁在固定灯架上的木匣中，通宵开灯，次日天明关灯，取回毒瓶，分拣标本。还有的利用旧闹钟改制成定时开关，为的是避免过时耗电。

灯光诱捕的方法很多，不论使用油或电作能源，必须注意安全，尤其是在山林附近，更得遵守林区守则，注意防火，夜间灯下作业每组需要配备2～8名作业人员。

振落捕虫法

有些昆虫具有"假死"的本能，这是一种简单的非条件反射，当虫体受到机械性（物体接触）或物理性（光的闪动）等刺激后，引起足、翅、触角甚至整个虫体突然收缩，由原栖息地落下，状似死亡，稍待片刻又恢复了自然活动，这就是"假死"。如金龟子、小麦叶蜂的幼虫、棉象鼻虫等，受到突然振动后会立即从寄主植物上自行落下，假死不动，可趁机采集。

有些昆虫虽不具有假死性，但在其正常栖息取食时猛然摇动寄主植物，也会自然落下，如槐尺蠖等一些有吐丝下坠习性的鳞翅目幼虫和甲虫，就可用振落法收集。

在振动寄主植物前，需在地面铺一块适当大小的塑料薄膜或采集伞，落在塑料薄膜上或采集伞内昆虫，应及时收集处理。

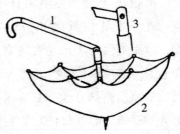

采集伞
1. 伞柄 2. 伞兜
3. 活动枢纽

采集伞柄可以伸直或拉平，伞兜面料和一般晴雨伞相同，颜色宜用淡色，便于识虫收集。作业时撑开伞面倒放在地上，伞柄平放便于移动，用毕折叠。

有些昆虫虽不易振落，但由于受惊而爬动或解除了拟态，暴露了真相，也利于捕捉。

搜索采集法

有些虫体较小或栖息地点较为隐蔽的昆虫，需根据它们存在的某些迹象进行仔细观察搜索才能找到，如食痕、蛀洞、虫粪、鸣声等都是可供追查的线索。此外，石块下面常有肉食性甲虫；土壤里可找到金龟子的幼虫和蛹，以及金针虫、地老虎的幼虫；雨后积水的树洞里常有蚊子的幼虫；天牛、吉丁虫、玉米螟等的幼虫往往在其寄主植物上留有蛀孔及粪迹。搜索采集要注意安全，谨防藏匿在树洞里、石块下、草丛中的蛇、蝎之类动物的伤害。

趋性诱引法

除了趋光性以外，有些昆虫还有趋食性、趋化性、趋异性。利用昆虫的这些趋性，投其所好，便可更为广泛地采集到多种昆虫的标本。例如把各种食物、腐物、果皮等开沟撒入土内，或者放在广口瓶里，瓶口置一漏斗，可以诱到一些趋食性昆虫；有些夜蛾，如黏虫、地老虎等，有嗜甜酸发酵的浆液来补充营养的习性，可于夜晚放置糖醋酒混合溶液的容器来诱引捕捉。还有利用从雌性昆虫性腺中提取到的信息素来诱引同种雄虫的；更简单的方法是把雌虫放笼内，直接诱引同种雄虫。

微小型昆虫刷取法

有些在寄主植物上不太活动的微小型昆虫，如蚜虫、红蜘蛛等，用昆虫网很难扫入，用振落法又不易奏效，这时可用普通软毛笔直接刷入瓶、管内。刷取时要选择虫体比较密集的小群落，一笔即可刷取许多。要注意用笔尖轻轻掸刷，不可大笔刮刷而伤及虫体。

✎ 昆虫标本干制法

制作昆虫标本比制作大中型脊椎动物标本较易，但要制成真正合格的成品也不简单。制作昆虫标本和制作其他标本一样，要本着"精心设计，精心施工"的原则，把平凡的系列操作认真贯彻到每个步骤中，才能制成以科学性为主，以艺术性为辅的栩栩如生的合格标本。

昆虫在生长发育过程中要经过一系列外部形态和内部结构的变化，由卵开始到孵化出幼虫，再经化蛹而羽化出成虫，这种变态类型称为"完全变态"。有的昆虫从卵里孵化出的幼虫与成虫的形态结构基本相似，不再化蛹而直接成长发育为成虫，这种变态类型称为"不完全变态"。另外还有其他变态方式的昆虫。由于昆虫的种类不同，变态类型又不一样，这就给采集和制作比较完整配套的昆虫标本带来了困难。在制作昆虫标本时，必须针对虫种、虫态、虫体结构以及制作目的等，分别采用不同的制作方法制成标本。制作昆虫标本的方法一般可分为液浸和干制两大类，不论采用何种方法，制出的标本都以保持虫体完整、姿态自然、特征暴露充分为首要原则。

绝大多数的昆虫都可用干制法制成标本长期保存。干制昆虫标本在教学、科研、科普展览等方面有重要应用。用干制法制作昆虫标本需要一定的操作技术。

成虫标本插针法

干制的成虫标本除垫棉装盒的生活史标本外，一般都用插针保存。昆虫针主要是对虫体和标签起支持固定的作用。目前市售的昆虫针都用优质不锈钢丝制成，针的顶端镶以铜丝制成的小针帽，便于手捏移动标本。按针的长短粗细，昆虫针有好几种型号，可根据虫体大小分别选用。

目前通用的昆虫针有 7 种，即 00、0、1、2、3、4、5 号。00 号针最细，直径 0.3 毫米，每增加一号其直径增加 0.1 毫米，0 至 5 号针的长度为 39 毫米。另外还有一种没有针帽的很细的短针，也叫"微针"、"二重针"，是用来制作微小型昆虫标本，插在小软木块或卡纸片上的；00 号针自针尖向上 1/3 处剪下即可以作二重针使用。

昆虫种类不一，插针的位置也有所不同，为的是避免针孔位置不当而损伤了虫体中间部分的特征，甚至影响分类鉴定。

插针时，务必使昆虫针与虫体成 90°角，避免插斜而造成标本前后、左右倾斜。已插好针的标本，要进一步调整虫体在针上的适当位置，并使附插标签各就各位，做到层次分明、规格一致、便于移动、利于观察。插针时如虫位过高，即针帽子虫体距离过短，手指移动标本时就容易触伤虫体；虫位过低又影响下面所附插的标签。

蝶蛾类展翅板展翅法

蝶蛾类昆虫标本，一般需要展翅保存，可以在展翅板上展制。展翅板选用质量轻软的木材，如杉木、泡桐等木料制作，主要是质柔便于插针。板面保持一定斜度，主要是为了展翅时使虫翅略为上翘，待干后虫翅回缩正好展平。右侧板面前后两端与底托凹槽的接触部分，各镶一条与凹槽相吻合的横木条，便于在槽内左右推动以调整沟槽的宽度。在底托右侧凹槽上穿孔安一螺丝旋钮，为的是固定沟槽的宽度。沟槽底部贴一条软木板，用以插针。

也可把展翅板做成固定式的，需多做几种沟槽宽窄不一的样式，以便根据虫体大小来分别选用。

展翅的操作步骤如下：

（1）调整工具。使用活板式昆虫展翅板，需先根据虫体（头、胸、腹）的粗细移动右侧板面，使虫体正好纳入槽内，以左右两侧不触及板体为准，不过宽或过窄，然后拧紧旋钮。

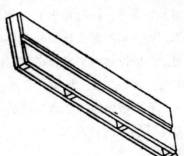

接着把插好针的虫体放进沟槽，针尖插在底部软木板上，并用小镊子上下调理

固定式昆虫展翅板

虫体，使虫体背面与沟槽口面相齐。为使虫体稳定，可在其腹部两侧加插大头针固定，以防在展翅时左右摆动，干扰操作。

（2）制备纸条。展翅时主要是用大头针和纸条来固定虫翅，纸条的长度和宽度根据翅面大小来定。所用的纸应选择韧性较强、不易拉断的白纸，并按纸的纤维条理顺向剪开，这样的纸条就不致在固定虫翅时一拉就断。

不宜选用透明玻璃纸或其他透气性较差的纸，以免影响虫翅干燥而使翅面发皱。纸条制备不当，会影响展翅操作，既耗时间，还损害标本质量。

（3）挑翅固定。虫体在沟槽内固定后，先展左侧前后翅，再展右侧前后翅，这样便于照顾两对翅的左右平衡。同侧的前后翅中，先展前翅，再展后翅。用纸条在前翅基部附近把虫翅压在板面上，纸条上端用大头针固定在翅前方稍远一点的位置上，左手拉住纸条向下轻压，右手用解剖针或昆虫针向上轻挑前缘，挑翅时要选择翅前缘较硬些的翅脉。

此时边挑前翅，边看前翅内缘，挑到前翅内缘与虫体体轴垂直，再稍向上挑一点，以待虫翅干燥后向下回缩，正好与体轴相垂直。

初展翅时四翅位置

然后把左侧触角沿前翅前缘平行压在纸条下面，接着挑展后翅。在不掩盖后翅前缘附近的主要斑纹特征的情况下，把后翅前缘挑在前翅内缘的下面，并拉直纸条，平盖在前后翅的翅面上，下端用大头针固定。用同样的方法，把右侧前后翅分别展开，同时也展开右侧触角，固定纸条，则左右两对虫翅便初步展成。为了加固翅位，保持翅面平整，在左右两对翅的外缘附近，再各加压一纸条。

干燥后四翅位置

不论是加固还是调姿用的大头针，都要向外斜插，既可加固针位，又不妨碍操作观察。

（4）调理虫姿。展翅后的标本，如果腹部向下低垂，可在下面垫些脱脂棉或软纸团向上托起；如果腹部向上翘起，则可用小纸条把腹部下压，以大头针固定。其他部位需要调姿时，也可照此办理。

（5）干燥标本。展好翅、整好姿的标本，即可连同展翅板头朝上尾朝下地垂直挂在干燥的墙壁或木板上。要注意避免日晒，防止被其他昆虫咬损。一般有 7～10 天左右即可干妥。

（6）撤针取虫。标本干妥后，即可轻轻撤针，去掉纸条。应先撤两侧外边的纸条，再撤靠近翅基的纸条。不可胡乱撤针，以免损伤标本。撤针后用三级台调理虫位，加插标签。

（7）入盒保存。制成的展翅标本，可以放入标本盒（柜）内长期保存。

蝶蛾类翅面鳞片粘制法

鳞翅目成虫（蝶蛾类）五彩缤纷，围绕花丛漫飞舞动，素有"会飞的花朵"之美誉。原来，这些虫翅上的彩色斑纹是由翅面上着生的鳞片反映出来的。这些鳞片扁平而细微密被于膜质的翅面上，系由毛变化而成。鳞翅目的得名也由此而来。

鳞片具有颜色。由于虫种不同或雌雄不同，在翅面上组合成的色彩斑纹也各有差异：有的淡雅别致，有的暗淡粗放，还有的色调明快，别具一格。这些不同色彩的斑纹，常是辨识虫种的重要依据。

积累和保存有关蝶蛾类虫翅分类标本，是青少年昆虫爱好者一项有益、有趣的科技活动。虫翅标本的制作，可以把蝶蛾类翅面上的鳞片取下来，专门制成虫翅鳞片的标本。现以黑缘粉蝶为例，将制作鳞片标本的具体操作方法简介如下：

（1）选采成虫。采集的粉蝶，最好是刚羽化出来，飞动时间不长，翅面完整，鳞片没有擦伤，斑纹清晰，特征明显的。用这样的粉蝶制作鳞片标本，效果最为理想。

（2）粘取鳞片。粘取鳞片可以按照以下几步来操作——

①取下蝶翅：将选好的粉蝶放入毒瓶内致死，然后取出用小镊子把四片虫翅从翅基部轻轻分别摘下。

②粘取鳞片：根据翅面大小，剪取一块医用橡皮膏，胶面向上，平铺在玻璃板上。再把四片虫翅一一放在胶面上。

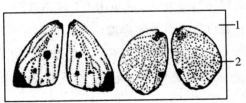

置虫翅于胶面上

1. 橡皮膏　2. 虫翅

放置虫翅时，应注意用小镊子轻轻夹住翅的基部，先在胶面上方选定适当位置，然后轻轻地置于胶面。要一次放准、放平，翅面不可出现皱褶，否则会损伤鳞翅的完整，不能制取出完美的鳞片标本来。

③盖纸摩压：在已放好的翅面上盖一张较柔韧的白纸，用手（或指甲面）在白纸上沿着下面所覆盖的虫翅向下反复摩压，尽量摩压周到，使翅面上的鳞片全被黏附在胶面上。然后轻轻揭下白纸，用小镊子把已脱去鳞片的残翅小心剥去，即显露出清晰完整的粘制鳞片标本。最后，用小弯剪刀沿翅面的周边把四翅剪下。

④装贴翅面：在剪好的四片翅面背后的胶布上，均匀地涂一薄层胶水，粘贴于卡纸上；再把触角蘸上胶水，各与前翅前缘平行地粘在前翅的前方。在卡片上注明所瞩目、科及虫名，压在玻璃板下或夹在书页内，干后即可长期保存。

这种粘贴的虫翅鳞片标本，如操作熟练得法，则与原翅形态、颜色、光泽无大差异，如能配上与翅面颜色、斑纹相调和的彩色底纸，则能进一步增加美感。其他蝶蛾类的翅面鳞片，都可以试用此法制成单项的鳞片标本。有目的有计划地采集不同虫种，加工制作成不同的鳞片标本，逐步积累，很有意义。

幼虫吹胀干制法

为了研究的需要，有时需将幼虫做成干制标本。具体制作方法如下：

将躯体完整的活幼虫平放在较厚的纸上或解剖盘中，腹面朝上，头向操作者，尾向前展直。用一玻璃棒（或圆木棍、圆铅笔杆）从头胸连接处向尾部轻轻滚压，使虫体内含物由肛门逐渐排出，以后逐次用力滚压数次，直到虫体的内含物全部压出，只剩一个空虫皮壳为止。注意操作时要轻、慢，不能急于求成，不然，用力不当可能胀破尾部，损坏标本。滚压时还要注意不要压坏虫体表皮或体表上的刺、毛。

插针吹胀

取来医用注射器（带针管、针头，其大小可根据虫体大小而定），拉空针管将针头插入肛门，不宜过深，但过浅又易脱落，然后用一细线将肛门与尾部插针处扎紧，余线剪断。

将已插入针头的虫体连同注射器一起移到烘干器上加温吹胀，烘干器实际上是一个放在酒精灯架上的煤油灯罩，把扎在注射器上的虫体轻轻送进灯罩，即可点灯加热。

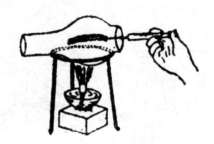

干燥虫体

一面加热干燥，一面徐徐推动针管注入空气，这时要注意边注气边看虫体伸胀情况，并反复转动虫体，使之烘匀，待恢复自然虫态时即停止注气。

虫体烘干后，即可移出灯罩，在尾部结扎细线上滴一滴清水，用小镊子把扎线退下，用一粗细适当的高粱秆或火柴棍从肛门插入虫体，插入的浓度以能支撑虫体为度。然后在杆（棍）的外端插上昆虫针，用三级台固定虫位，插上标签，这时一个干制幼虫的标本就已经制成了。

另外，也可以用一昆虫针扎穿一小块软木，再在小软木块上缠一细铁丝向左侧伸直，在铁丝上抹上乳胶，把干制的虫体粘在铁丝上。

还可以在虫体腹面稍点一点乳胶，粘在用幻灯胶片剪成的小胶片上，然后在胶片的另一端插一标本针加以固定。

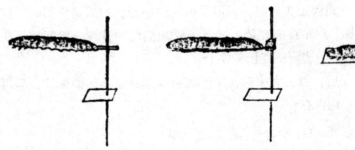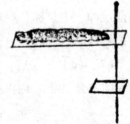

用小木棍固定虫体　　　用铁丝固定虫体　　　用胶片固定虫体

成虫剖腹干制法

有些腹部较粗的成虫，如蝗虫、螽蟖等，欲制成干制标本，需将其内脏及脂肪等清除干净，填充脱脂棉，才易于长期保存。操作方法如下：

（1）将已致死的虫体，用小解剖剪从腹面中央第二节至第五（或七）节剪开一纵缝。

（2）用镊子把胸腔、腹腔中的内脏和脂肪等内含物全部清除，再用脱脂棉把胸腔、胸腔的内壁擦拭干净。

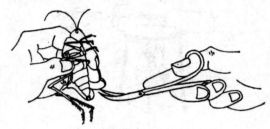

腹面切开示意图

（3）将脱脂棉撕成若干小块，用小镊子夹起小块脱脂棉沾上些樟脑粉，一块一块地向胸腔、腹腔内填入，直到填满体腔，恢复原来虫态为止。

（4）把开缝处的棉纤维用镊子掖平掖好，再把开缝两侧的虫体表皮拉回原位展平。以后随着干燥，表皮逐渐回抱，无须线缝，开缝就更加吻合了。

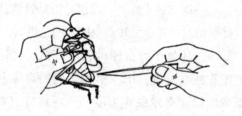

用镊子清除内含物

（5）把虫体用昆虫针按规定针位插针固定在整姿板（厚纸板或聚丙烯板）上，整理虫姿。

（6）用大头针先固定3对足，一般是前足向前伸，中后足向后伸，摆出前足冲、中足撑、后足蹬的姿势，显示出跃跃欲跳的神气。然后用大头针把触角向两侧展开，连同整姿板平放干燥。

（7）标本干妥后，撤去大头针，用三级台固定虫位，加插标签，即可放入标本盒（柜）内保存。

❧ 怎样制作科技模型 ❧

制作科技模型是广大青少年朋友最喜欢进行的科技活动之一。但是，真正自己动手制作科技模型的朋友又非常少，这其中的原因就是大家把制作那些精致的科技模型看得太神奇了，不适合每一个人来做。其实，制作科技模型并没有想象中那么难。

✎ 制作科技模型的工具

制作科技模型需要用到的工具很多，纸工、缝纫工、木工、竹工、泥工、钳工、金工、油漆工、电工等工种的常用工具都要用到。对于省（市）少年宫、科技站、科技活动中心等单位的航海模型活动室，应该设置比较完备的工具。但对于一般中小学航海模型小组，只要先置备尺、刀、锉、锯、钳、钻、剪、刨、锤、镊、工作板等工具就可以开展活动。

尺子、刀子和剪子

尺子：常用的尺子有钢板尺、三角尺、直角尺、钢卷尺、卡尺、两脚规、曲线板等，其中用得最多的是钢板尺，测量、刻画、绘图、放样等都离不开它。最好能配备 100 厘米、30 厘米、15 厘米三种规格的钢板尺。

刀子：常用的刀子有刀片、刻刀、勒刀、手术刀等。

刻刀可以用废钢锯条自制。制作的方法是：找一条折断的钢锯条，先在砂轮上磨去锯齿，再把一头磨成斜形刀口。磨刀口的时候要一边磨一边加水冷却，不使锯条过热，否则容易退火变软。用这种自制的刻刀刻薄板或窗口非常合适。如果有较宽的废锯条，还可以自制较大的刻刀。用自制的较大的刻刀可以切削船首木块、刻画航空层板和刻制肋骨。

用同样方法还可以用废钢条制成钩刀。用这种钩刀切割有机玻璃是很方便的：用钢板尺压紧有机玻璃板，钩刀紧靠钢板尺反复拉几次，就能把有机玻璃板拉断。钩刀也可以加工铁皮或铜皮的折角：用钢板尺压紧铁皮或铜皮，钩刀紧靠钢板尺在铁皮或铜皮上拉出一道浅槽，然后沿浅槽折角就可以了。

剪子：常用的剪子有普通剪子和铁皮剪子。普通剪子用来剪纸剪布等，铁皮剪子用来剪金属片。

锤子、钳子和镊子

锤子：常用的锤子有普通锤、羊角锤、木槌等。木槌是用来敲打铁皮、铜皮的。

钳子：常用的钳子有平口钳、尖嘴钳、弯嘴钳等。加工各种小零件，如绞盘、桅杆、武器装备以及船舵、螺旋桨等，都离不开小钳子。

台钳：最好备有大小台钳。大台钳用来弯制钢丝、金属片，或夹持大零件加工；小台钳用来夹持小零件整形加工。

镊子：在粘接、焊接、安装的时候，可以用镊子夹持小零件。

锉刀、锯子、刨子和钻子

锉刀：为了使零件表面光洁并具有所需要的尺寸和形状，常用锉刀加工。锉刀的种类很多，按齿的粗细分成粗齿锉、中齿锉、细齿锉。按形状分成板锉、方锉、三角锉、半圆锉、圆锉等。

锯子：常用的锯子有弓锯、木工锯和钢锯，弓锯又叫做钢丝锯，用来加工曲线形木构件，如肋骨板、船首等。木工锯用来锯割木板或木块。钢锯用来锯割有机玻璃和金属。

刨子：常用的刨子有长刨和短刨。这是刨削木板必不可少的工具。最好能自制出火柴盒大小的小型刨，以便对做好的船壳板进行加工整形。

钻子：常用的钻子有手摇钻、木钻、手电钻和台钻。这是钻孔不可缺少的工具。另外要配备一些不同直径的钻头。

其他工具

电烙铁：常用的电烙铁有 200 瓦、100 瓦、75 瓦、20 瓦（内热式）电烙铁。瓦数小的用来焊接小零件，瓦数大的用来焊接大零件。

上漆工具：包括木砂纸、水砂纸、油灰刀、底纹笔、各种漆刷、喷漆壶、压力泵等。

工作板：制图和制作船身都要在工作板上进行。

此外，还要置备一些平凿、圆凿、螺丝刀、油石、磨石、千分尺、画线盘等。

制作科技模型的材料

制作科技模型所用的材料相当广泛，有纸、吹塑纸、木材、塑料、有机玻璃、金属和其他材料。不同材料有不同的加工方法，掌握正确的加工方法是十分重要的。

纸质类材料

制作科技模型常用的纸质类材料有彩色蜡光纸、彩色卡纸、图画纸、书面纸、涂塑卡纸、马粪纸、厚卡纸、彩色广告纸、包装纸等，纸质类材料可以用来制作外观模型和自航模型的上层建筑。

用纸制作模型，要选择质硬平挺的纸张。如果没有硬纸，可以用 2～3 层较软的纸对粘起来，压在玻璃板下面，等干透后再使用。不要用褶皱的纸做模型，否则会影响美观。

在放样、刻画、粘接等过程中都要注意保持纸面清洁。放样时铅笔线要画在纸的反面，笔迹要轻淡。

刻制纸质材料，刀尖要锋利，在纸的下面最好垫一块硬橡胶，这样既

能保持刀锋，又能使刻线整齐。如果没有硬橡胶，垫一块三合板也可以。刻制的时候，用钢板尺压住需要的部分，自左到右仔细刻画。如果一刀刻不断，尺子不要移动，再刻第二刀、第三刀，直到刻断为止。没有刻断不要用手去撕，否则刀缝处会产生毛边。

粘接纸质材料可以采用2种方法：①在结合处留一条粘接的边。在虚线上用刀轻轻刻上一道，然后折角粘接。②在结合处里面加木条，这样既牢固又无缝隙。粘接纸质材料可以用白胶水，白胶水要涂抹得少而均匀，使胶干后不留痕迹。

用纸质材料制作上层建筑，最好根据模型的颜色选用彩色卡纸，这样可以省去上色工序。如果必须上色的话，可以用广告色或者用喷漆，但不要用磁漆。如果采用喷漆，要喷得很薄，免得漆料流淌，等喷漆干后再喷第二遍。也可以在加工之前先在纸上喷好漆，等干后再进行刻制。

吹塑纸

吹塑纸可以制作外观模型和自航模型的上层建筑。吹塑纸有正反面，放样和刀刻要在正面进行。放样时铅笔要削尖，画道要浅。除了刻去的部分外，不要在吹塑纸上留下铅笔痕迹，否则不容易擦掉。

刻画吹塑纸最好使用锋利的手术刀。如果没有手术刀，也可以把双面刀片掰成小片，绑在竹片上做刻刀。刻制的时候，吹塑纸下面要垫一块平整的木板或者一张卡纸，纸板不平容易把吹塑纸拉裂。

吹塑纸要用白胶水粘接，不能用快干胶粘接，因为快干胶里有丙酮，丙酮能溶解吹塑纸。吹塑纸的结合处可以用木条加固。

吹塑纸不能上漆，特别是不能用喷漆。所以要根据模型的颜色选择吹塑纸。由于吹塑纸浅色的较多，深色的不多，可以同深色的彩色卡纸配合使用。

吹塑纸有弹性，很难弯折，但它容易加热成型。用吹塑纸制作弧形或圆形零件的时候，可以用盛有热开水的玻璃杯外壁把它加热后弯制成需要的形状。

木质类材料

制作科技模型常用的木质和塑料类材料有松木、桐木、三合板、五合板、航空层板等。它们是制作舰船模型的主要材料。木料要选择质较软、节疤较少、没有裂缝的。如果木料潮湿，要晾干。

松木条，可以用来制作舰船模型中的龙骨、龙筋，它的长短粗细要由船体的大小决定。松木片用来制作船壳板，厚度一般选 1~2 毫米的，较大的船体可以选到 3 毫米的。松木片过厚，不容易弯曲，包不出船体的线型，松木片还是制作上层建筑的重要材料。切割木片的时候，先要切断横断面，然后再顺着木纹方向切割。左手要压紧钢板尺，右手拿刀切割，防止刀子跟着木纹走。

用松木条制作炮管、鱼雷发射管、吊货杆等圆柱形零件，要选比零件直径稍粗一些的。先用刀子把木条的棱角仔细削去，然后把木条的一头夹在手摇钻上，右手摇手摇钻，左手用粗砂纸夹住木条，前后均匀地移动，就能把木条打磨成圆柱形，再用细砂纸磨光。

桐木片和桐木条质地轻而脆，不够牢固，只适宜制作帆船、竞速艇等重量较轻的模型，并且需要用别的材料加固。另外，在制作飞机模型的时候也需要用到桐木片。

三合板和五合板常用弓锯锯割，锯割的时候锯齿要朝下。弓锯用毕要放松锯条，这样能避免锯条崩断，并使竹弓保持良好弹性。

木质零件制作好后再打磨和填料比较麻烦，可以在制作零件之前，先用零号木砂纸把木片、木条打磨光，刷上一层虫胶漆或清喷漆后，再用水砂纸打磨。然后用这些木片和木条制作零件。这样制得的零件，除接缝处稍加填料外，其他地方不用砂纸修整，可以直接上漆。

航空层板质地坚硬，用来制作舰船模型中的上层建筑和甲板最适宜。这种材料可以用钢锯或弓锯切割。如果制作较小的窗口，可以先用手摇钻在窗口四周钻孔，然后用什锦方锉和平锉把窗口锉好。

有机玻璃类材料

有机玻璃比其他材料平整光滑，又容易加工，平时注意收集一些有机玻璃的边角料，用来制作舰船模型中的导弹发射器、起锚绞盘、桅杆、小型烟囱等零件是很好的。

薄的有机玻璃可以用钩刀切割。较厚的有机玻璃可以用钢锯锯割。锯割有机玻璃要夹在台钳上进行，注意在有机玻璃的上下两表面上衬上卡纸或木片，以免夹出齿痕。

锯割后的有机玻璃切口，先用钢锉整形，再用砂纸磨光，然后用牙膏或绿油抛光。抛光的方法是用涂有牙膏或绿油的布，反复摩擦有机玻璃表面，直到表面光亮为止。

粘接有机玻璃要用氯仿。由于氯仿容易流散渗透，用量要少而且要均匀，如果氯仿流散到有机玻璃表面，会破坏表面光洁度。粘接大块的有机玻璃，可以在结合处放入少许同颜色的有机玻璃粉末（可以用锯下来的粉末），氯仿很容易挥发，用后要盖好瓶盖。

金属类材料

制作科技模型常用的金属材料有铁皮、铜片、铜丝、钢丝、漆包线、大头针、小铁钉等。

大块的金属片可以用剪刀剪，但细长的金属片不能用剪刀剪，要用钩刀切割。因为用剪刀剪，剪口处会被拉长，剪得的金属片条会成弧形，很难拉直。金属片剪好或切好后，剪口或切口处总有一些毛边，可以把它放在平整的铁板上，用圆滑的铁棒或铁管在它上面反复滚压，直到金属片平整为止。

在金属片上制作窗口或气孔，可以先用手摇钻钻若干个孔，然后再用钢锉锉成。

制作弧形金属零件，可以把金属片铺在铁棒上，用木槌（不能用铁锤）轻轻敲打成型。

弯折金属片的时候，先用钩刀在金属片的背面折角处划出一道浅槽，然后用一把钢尺把金属片的一边压在桌子上，折角处正对桌子边，用另一把钢尺压住金属片的另一边，整体往下弯折，使弯得的折角清楚平整，注意不要来回弯折，以免把金属片折断。

焊接金属片的时候，要根据金属片的大小选用瓦数不同的电烙铁。烙铁头如果沾不上锡，可以用锉刀锉去烙一铁头上的黑色氧化物，并且在烙铁头上镀上锡。镀锡的方法是：烙铁头锉亮后让电烙铁通上电，在放有松香和焊锡的砂纸上来回摩擦烙铁头，使烙铁头四面都镀上一层锡。用电烙铁焊接金属片之前，要把焊接部位刮干净，并且涂上氯化锌焊剂。焊接的时候，接缝要对准，烙铁头要在接缝处慢慢移动，接触的时间要长一些，让焊锡自然伸延流动。焊接完毕，要用水把氯化锌焊剂洗去，并且用布擦干，以防生锈。

其他材料

制作科技模型还用到麦秆、竹片、布片、墨鱼骨、牙刷柄、火柴盒等材料。墨鱼骨质地轻软，容易加工，喷漆后很美观，可以同卡纸、木片、竹片混合使用。塑料牙刷柄是容易找到的材料，它们的颜色各异，便于加工，是制作小零件的好材料。

侧影船模型制作

侧影船模型是显示舰船侧面形象的平面模型。它以侧视图为依据，用简单的线条来表现舰船的种类、形状、主要设施和武器装备。侧影模型取材广泛，制作容易，适合初学制作科技模型的青少年朋友制作。制作侧影模型可以普及舰船知识，初步培养动手能力。

用麦秆制作科学调查船侧影模型

科学调查船是用来作海洋物理、海洋化学、海洋地质、海洋生物、海洋气象以及卫星跟踪等方面的科学研究的专门船舶。它上面设有很多实验室和控制室，安装着大量的科学仪器。这类船舶要求具有优良的适航性、稳定性和操纵性，排水量通常在几百吨到上万吨。

用麦秆做侧影模型要选择干燥平直的麦秆，去掉节头，用小刀剖开，

展宽压平备用。

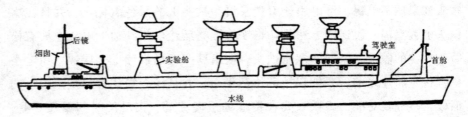

科学调查船的侧面图

制作的时候，选一张黑色的厚纸做底板，用铅笔把科学调查船四周轮廓轻轻画在底板上。先取一根麦秆铺在水线位置上，照图的长短剪去两端多余部分，用胶水粘好。然后用同样的办法，一根一根地从上到下把麦秆粘在底板上，直到整个船形都粘上麦秆为止。

这种模型虽然没有表现出船舶的内部结构，但是科学调查船的白色侧影呈现在黑色的背景上，却能产生一定的艺术效果。

用麦秆制作导弹驱逐舰侧影模型

驱逐舰是以火炮、鱼雷和反潜武器为主要装备的中型军舰。排水量2000～5000吨，航速30～38海里/小时。装有口径100～130毫米的主炮4～6门，口径20～75毫米的辅炮8～12门，鱼雷发射管4～12个，还装有搜索潜艇用的器材和深水炸弹。它的主要任务是攻击敌方舰船，担任大型军舰和运输船的护航和警戒。

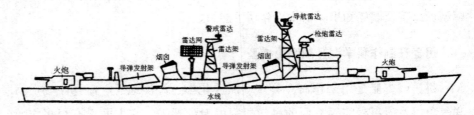

导弹驱逐舰的侧面图

导弹驱逐舰是以导弹为主要武器的驱逐舰。排水量3000～9000吨，备有舰对舰、舰对空导弹和反潜导弹，主要任务是在中、远海洋上消灭敌舰船，担任舰艇编队和运输船队的护航、警戒。

用麦秆制作导弹驱逐舰侧影模型的方法和制作科学调查船基本相同。中间的雷达架和雷达网可以用麦秆细条照图粘贴，这样，武器设备的中空部分就能显示出来。

交通艇和小炮艇简易实体模型

简易实体模型是用简单的几何形体显示舰船外观和主要结构的立体模型。通过制作简易实体模型，可以学会从侧视图和俯视图想象出舰船模型的立体形象，还可以学到不同材料的加工方法，为制作较复杂的舰船模型打下基础。简易实体模型取材广泛，如火柴盒、卡纸、墨鱼骨、小木板、牙刷柄等都是制作简易实体模型的好材料。简易实体模型的大小可以根据手头现成材料的大小来定，只要按照图纸选取合适的比例加以放大或缩小就可以了。

用火柴盒制作交通艇简易实体模型

交通艇是用于海上联络的小型船只。交通艇简易实体模型图纸所示的只有船体和船舱两个部分，省略了推进器、尾舵等细小部分。在图纸中除了绘出交通艇的侧视图和俯视图以外，还附有制作图和安装图。

制作交通艇简易实体模型需要用五六个火柴盒。制作的方法如下：

首先，制作船体。参考图交通艇简易实体模型图纸中的 e 部分，先用木砂纸轻轻地把火柴盒外面的包装纸打磨干净，注意保持火柴盒的棱角完整。

打磨后把三个火柴盒串摆在一起，用削尖的铅笔在它们上面画出船首曲线和船尾曲线。沿曲线剪去多余部分，但要保持火柴盒的侧壁。然后把两个半火柴盒芯插入火柴盒内，把三个火柴盒粘接成一个整体。再把火柴盒侧壁向船首船尾围拢并粘接起来。为了粘接得牢固一些，要在粘接处的里面衬火柴棍。胶干后，船体就制作好了。

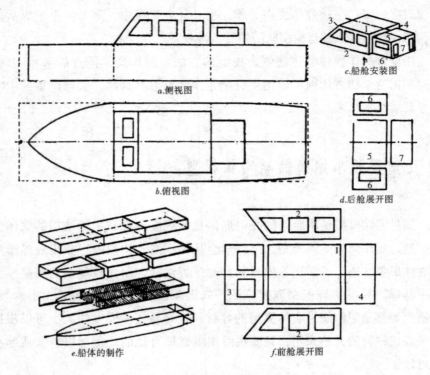

a.侧视图

c.船舱安装图

b.俯视图

d.后舱展开图

e.船体的制作

f.前舱展开图

交通艇简易实体模型图纸

然后，制作船舱。把打磨好的火柴盒拆开铺平，参考图交通艇简易实体模型图纸中的 d 部分和 f 部分，分别画出前舱和后舱的展开图。用剪刀把它们剪下来，照图交通艇简易实体模型图纸中的 c 部分粘接成船舱。同样要在粘接处的里面衬火柴棍加固。然后参考图交通艇简易实体模型图纸中的 a 部分和 b 部分，把船舱粘在船体上。

这样，一艘小巧的交通艇模型就制作完毕了。

用火柴盒制作小炮艇简易实体模型

小炮艇简易实体模型制作方法如下：

（1）制作船体。这艘模型船体的制作方法同交通艇模型完全一样。

（2）制作船舱。把打磨好的火柴盒拆开铺平，参考图小炮艇简易实体模型图纸中的 d 部分，画出主舱的展开图。用剪刀把它们剪下来，照图小炮艇简易实体模型图纸中的 c 部分粘接成主舱，并把四扇门粘在展开图的斜线部位。

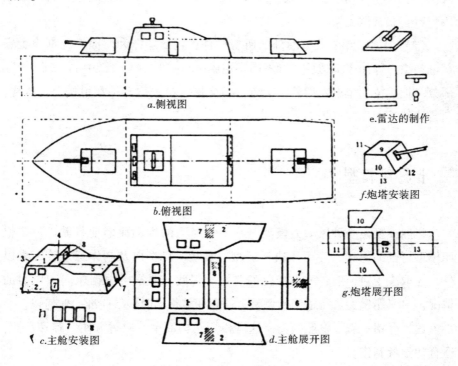

a.侧视图

e.雷达的制作

b.俯视图

f.炮塔安装图

c.主舱安装图

d.主舱展开图

g.炮塔展开图

小炮艇简易实体模型图纸

（3）制作舰桥。参考图小炮艇简易实体模型图纸中的 d 部分，用厚约 8 毫米的松木板，锯成 3 块长方形板，用砂纸打磨光洁。再参考图小炮艇简易实体模型图纸中的 e 部分把舰桥粘接起来，桅杆用圆形竹丝制作。在舰桥前部中央钻一个小孔，把桅杆插入小孔中。

（4）制作火炮。参考图小炮艇简易实体模型图纸中的 f 部分，用 2 块长 15 毫米、宽 12 毫米、厚 8 毫米的松木板做火炮。削去一个斜面，在斜面上钻 2 个小孔，插入圆形竹丝做的炮管。炮座可以用直径约 7 毫米的圆木片或纽扣制作。

（5）制作救生圈。参考图小炮艇简易实体模型图纸中的 g 部分，用保险丝或铜丝在圆棒上弯成圆圈做救生圈。在它上面涂上红、白相间的油漆。

（6）制作机关炮。参考图小炮艇简易实体模型图纸中的 h 部分，用一段 12 毫米长的单股塑料导线，两头切去一段塑料皮，露出铜丝，再用一小段塑料套立着做支架。

（7）上漆。除了救生圈外的所有构件，包括船体和舱面设施都涂上银灰色油漆。等油漆干透后，参考图小炮艇简易实体模型图纸中的 a 部分和 b 部分。把舰桥、鱼雷发射管、火炮、救生圈、机关炮等粘在甲板上。这样，鱼雷快艇就制作完毕了。

小帆船模型

帆船模型是一种风动力模型，它依靠风力的推动而向前行驶。一条帆船模型行驶的好坏，除了取决于船型、重量、帆型以及制作工艺等因素以外，还取决于对风向、风力变化的掌握。因此，要学会根据风向和风力的情况，对帆船模型进行适当的调整，使它在航行的时候航向准、航速快。

这里介绍一艘小帆船模型。这艘模型结构简单，取材方便，容易掌握，适合初学者制作。

船身的制作

制作小帆船可以先制作稳向板和龙骨。参照小帆船模型图纸，我们可以知道这艘小帆船全长 392 毫米，稳向板和龙骨是连成一体的。制作的时候，先把图中 a 的图纸放大，变成 1:1 图纸。然后把稳向板和龙骨复写在三合板上，用弓锯和木锉加工成型。在肋骨线位置上，各开 1 个宽 3 毫米的槽口，深度是每块肋骨中心线长度的 1/2。在紧靠 1 号肋骨槽口处，再开 1 个宽 3 毫米的槽口，深度是 1 号肋骨中心线的 2/3，用来安装舵轴套管。

稳向板和龙骨制好以后，再制作肋骨。参照小帆船模型图纸，先把 a 的肋骨图放大 1 倍，变成 1:1 图纸，然后复写在三合板上，用弓锯和木锉加工成型。在龙骨处，各开 1 个宽 3 毫米的槽口，深度是每块肋骨中心线长度的

1/2。在每块肋骨的 4 个角，各开 1 个宽 3 毫米、深 3 毫米的缺口，用来安装龙筋。在 3、4、5 号肋骨上紧靠甲板中心线两边，各开 1 个宽 7 毫米、深 5 毫米的缺口，用来安装桅杆底座的加强条。肋骨制成后，分别插入龙骨上的肋骨槽内，检查每个槽口是否吻合。

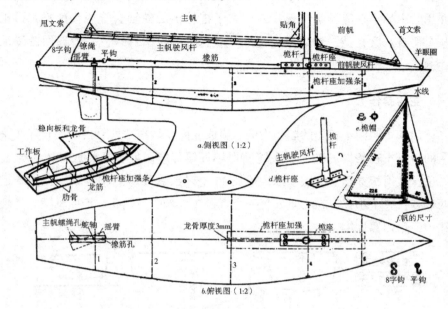

小帆船模型图纸

以上步骤完成以后，就可以安装船身骨架了。在平整的工作板上，根据 1∶1 图纸画出中心线和各块肋骨的位置线。在龙骨和肋骨的槽口中涂上胶水，互相插好，并且粘上 2 条桅杆座加强条。在胶水还未干的时候，把船身骨架朝下放在工作板上，调整龙骨和肋骨的位置，使它们的位置正好同工作板上画的线条重合，然后用大头针暂时固定。等胶水干后，把 4 根龙筋安装在肋骨的龙筋缺口上。在船首处，两边龙筋的端头要用小刀切成斜口，用胶水粘在船头龙骨的两边。

接下来，我们来蒙船壳板。用厚 1 毫米的松木片做船壳板。先蒙船底，再蒙船舷。等胶水干透后在船底紧靠 1 号肋骨中心线处，打一个直径 3 毫米的孔，用来安装舵轴套管。

制作船身的最后一步是制作甲板。用厚 1 毫米的松木片做甲板。根据 1:1 图纸，在松木片上画出甲板边线，在切割的时候，四周要留出 1~2 毫米的加工余量。在舵轴套管的位置上打一个 3 毫米的孔。然后用胶水把甲板粘在船身上，找一段圆珠笔芯做舵轴套管，从船底孔中插入，直穿出甲板，并用胶水粘牢。等胶水干透后，用刀子把伸出的舵轴套管两头削平，再把整个船身打磨光洁，然后嵌缝上漆。颜色可以自由选择，一般选用白漆漆几遍。

舵的制作

用铁皮照图小帆船的制作中的 c 剪成舵面，从虚线处对折。用直径 2 毫米的自行车辐条做舵轴，放人舵面中用焊锡焊牢。舵轴从船底穿入舵轴套管里，从甲板穿出后套入垫圈。用长 35 毫米的铁皮做舵轴摇臂，在摇臂的两端各打一个小孔，在 1/4 处打一个直径 2 毫米的舵轴孔。把舵轴插入舵轴孔中，用焊锡焊牢。

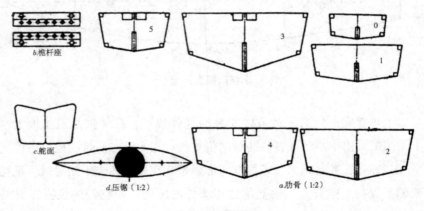

小帆船的制作

用两根橡筋圈串联起来，一头用平均挂在桅杆座上，另一头用平均挂在摇臂前面的小孔中，使摇臂没有牵动的情况下舵面处在正中位置。

压铅的制作

先把图小帆船的制作中的 d 压铅图放大，然后制作压铅阴模，把熔化的铅水浇在阴模上。要浇2次，制作成左右2块压铅。压铅制好后，再在上面打2个孔，用螺丝螺母把压铅固定在稳向板上。

桅杆的制作

桅杆的制作可以分为2步。

（1）制作桅杆座。用2块长48毫米、宽10毫米的铁皮做桅杆座，见图小帆船的制作中的b部分。在每块铁皮的一侧钻7个直径2毫米的小孔，另一侧钻2个直径3毫米的小孔，按图中虚线折成直角。然后把两块铁皮紧靠，并且用焊锡焊牢，再用4个木螺丝照图小帆船模型图纸中的b部分把桅杆座固定在甲板上。

（2）制作桅杆。用长450毫米、截面6毫米×6毫米的松木条做桅杆。先用小刀削去棱角，再用砂纸打磨成上细下粗的圆棒，顶端直径4毫米，底端直径6毫米。找1个内径4毫米的鞋扣做桅帽，套在桅杆顶端，离顶端5毫米用一点环氧树脂粘牢。在鞋扣的前后左右各钻1个小孔，如图小帆船模型图纸中的e部分，用来固定支索。找一段内径6毫米、长10毫米的铜管，套在桅杆的底端。用钢锯把铜管连同桅杆底端一起锯出1个5毫米深的缺口，再用手摇钻从左边到右边打1个直径2毫米的小孔。然后插入桅杆座上，用直径2毫米的螺丝螺母把桅杆固定起来，如图小帆船模型图纸中的d部分。桅杆座上的7个小孔是用来调整桅杆位置的，使小帆船的重心位置合适，能够平稳地浮在水面上。

用4个羊眼圈分别拧入船首、船尾和桅杆两侧的甲板上。用4根尼龙线做支索，一头绑在桅杆顶上鞋扣的4个孔中，另一头分别绑在前后左右4个羊眼圈上，使桅杆牢固地垂直竖立在甲板上。

帆和驶风杆的制作

桅杆制作完成了，就可以动手制作帆和驶风杆了。制作帆和驶风杆可以分为4步完成。

（1）制作驶风杆。用长230毫米的竹丝削成直径3毫米的主帆驶风杆。在主帆驶风杆的一端钉入一根大头针，去掉大头针头，把未钉入部分弯成圆环形，见图小帆船模型图纸中的 a 部分和 d 部分。用长 90 毫米的竹丝削成直径 2 毫米做前帆驶风杆。

（2）制作主帆和前帆。用白色的确良布照图小帆船模型图纸中的 f 部分的尺寸裁剪成主帆和前帆。帆的每边都要留一条宽 3 毫米的边，再用缝纫机缝边，帆的每个角都要缝一块的角，使帆更加牢固。用线把主帆的底边绑在主帆驶风杆上。把前帆的底边绑在前帆驶风杆上。

（3）安装主帆。在离桅杆底端约 25 毫米处，在后方钉入一根大头针，去掉大头针的头，向下弯一个小钩，把主帆驶风杆一端的圆环挂在小钩上，见图小贩船模型图纸中的 a 部分和 d 部分。用线把主帆的垂直边绑在桅杆上，再用线把主帆顶绑在鞋扣上。在主帆驶风杆的另一头，绑上一根尼龙线，尼龙线穿过一个 8 字形钩后又绑在一个平均上，平均再挂在摇臂后面的小孔中。尼龙线的长度可以通过 8 字形钩调整，最大长度能够使主帆左右偏转 90°。当主帆向左偏转的时候，由于尼龙线的牵动，舵面会向左偏转。帆向左偏转，航向会向右偏；舵面向左偏转，航向会向左偏。如果调整得当，这两种作用可以相互抵消，小帆船能够保持直线航行。同样，当主帆向右偏转的时候，也有类似的情况。

（4）安装前帆。用一根尼龙线穿入前帆斜边的折缝中，一头绑在离桅杆顶 1/3 处，另一头绑在前帆驶风杆上，再绑在船首的羊眼圈上。在前帆驶风杆的另一头，绑上一根尼龙线，尼龙线穿上一个 8 字形钩后又绑在一个平均上，平均再挂在桅杆座的小孔中。通过 8 字形钩可以调整尼龙线的长度，尼龙线的最大长度能够使前帆左右偏转 90°。根据风向和风力的情况，适当调整主帆和前帆的偏转角，就能使小帆船沿着既定的航向前进。这样一艘小帆船模型就制作完成了。

单级轮轴式传动橡筋动力车辆模型

单级轮轴式传动橡筋动力车辆模型，只用一股橡筋束做动力。它的动力传递滚轮通过一根尼龙牵引线同前车轴连接起来传递动力。这种传动机构中的传动滚轮和车轴不直接接触，是一种"松"啮合。

这种动力传递机构比摩擦轮传动、皮带传动和齿轮传动更简单，是一种容易制作，容易调整，特别适合初学者制作的车辆模型。

结构原理

单级轮轴式传动橡筋动力车辆模型由前轮、前桥、后轮、后桥、传动机构、底盘等组成。前轮是驱动轮，后轮是被动轮。前桥由前轴支架和前轮轴组成，它的作用是连接前轮和底盘。后桥由后轴支架和后轮轴组成，它的作用是连接后轮和底盘。底盘把车辆模型各个部件连成一体。

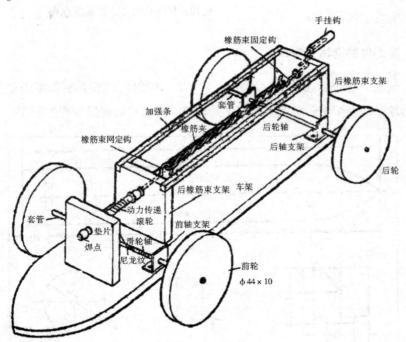

单级轮轴式传动橡筋动力车辆模型实体图

传动机构由动力传递滚轮、前轮轴、尼龙线、橡筋束、手摇柄、前后橡筋束支架等组成。尼龙线的一端固定在前车轴上，另一端固定在动力传递滚轮上，在行车之前把尼龙线缠绕在前车轴上。用手转动手摇柄，使橡筋旋紧，橡筋的扭力就会使动力传递滚轮旋转，尼龙线逐渐缠绕到动力传递滚轮上，如图轮轴式传动机构动力传递示意图所示。这样就能牵引前车轴旋转，使车辆模型向前行驶。

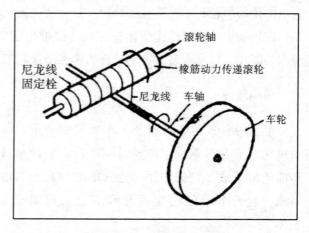

轮轴式传动机构动力传递示意图

零部件的选用和制作

从图"部分零部件的材料和尺寸"中，我们可以看到制作单级轮轴式传动橡筋动力车辆模型所需要的主要材料。下面我们就按步骤来制作。

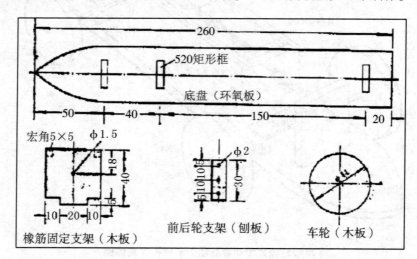

部分零部件的材料和尺寸

（1）前后轮的选用。共4个，采用直径44毫米、厚度10毫米的玩具车轮。也可以用木板自制。

（2）前后桥的制作。前后轴支架 4 块，可以用铝板制作。前后轴共 2 根，采用直径 3 毫米、长 80 毫米的钢丝制作。在车轴的两边各焊上 1 片定位垫片。焊接之前，要刮去垫片和车轴焊接处的氧化层，然后用氯化锌焊剂从垫片的外侧焊接。先把一边的垫片焊牢，然后套入支架，再焊上另一边的垫片，如图"车轴定位垫片的焊接"所示。

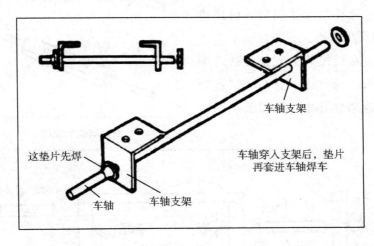

车轴定位垫片的焊接

（3）橡筋固定支架的制作。包括滚轮支架和前后橡筋束支架，共 3 块，用厚 5 毫米的木板制作。它们的下部制成凸榫，用来安在底盘上；上部去掉两个角，用来粘接加强条。

（4）底盘的制作。用 5 毫米厚的环氧板制作，按图"部分零部件的材料和尺寸"所示，开 3 个槽口。

（5）动力传递滚轮的制作。可以用圆木棒或者圆塑料棍制作，也可以用牛皮纸制作。用牛皮纸制作的方法是这样的：找一根直径 1.5～2 毫米的钢丝做滚轮轴，把一张宽 35 毫米、长 600 毫米的牛皮纸粘卷在钢线上，成为直径约 10 毫米的纸质滚轮，如图纸质滚轮的制作所示。等胶水干涸后，在滚轮的一端钉上大头针，作为固定尼龙线的固定栓。

（6）手摇柄的制作。可以用直径 2.5 毫米的钢丝弯成。手摇柄轴的一端，套入外侧垫片，并在合适的位置上把外侧垫片焊牢在轴上。再穿过后橡筋束支架轴孔，套入内侧垫片，并且把内侧垫片焊牢。

然后把手摇柄轴长出的部分弯成环形钩，用来挂橡筋束。另一端安上木柄，如图动力传递滚动的安装所示。这样摇动手柄就可以旋绕橡筋束了。另外，还要做一个止动销，并且在后橡筋束支架上钻一个止动销孔。橡筋束上紧后，把止动销插入止动销孔中，就能阻止手摇柄倒转。

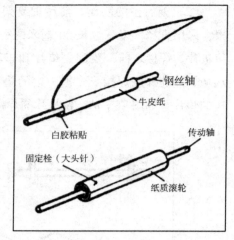

纸质滚轮的制作

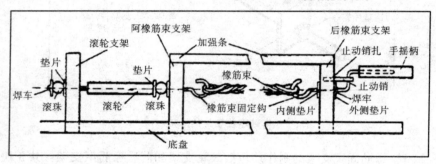

动力传递滚动的安装

整体组装

零部件制作完成以后，就可以进行整体组装工作了。整体组装工作可以分为 4 个步骤来完成。

（1）车轮的安装。车轮和车轴要紧固连接。如果车轮轴孔径略小于车轴直径，可以在车轴两端涂些环氧树脂胶水，直接把车轴打入车轮轴孔中。如果车轮轴孔径同车轴直径差不多，可以用锤子敲偏车轴两头，涂些环氧树脂胶水，然后把车轴放进车轮轴孔中。

（2）前后桥的安装。在底盘上适当位置钻 8 个孔，为了便于调整行驶方向，孔可以钻得稍大一些。然后用 8 对直径 2 毫米的螺丝螺母把前后轴支架固定在底盘上。

（3）橡筋束支架的安装。把滚轮支架和前后橡筋束支架的底部凸榫涂上白胶水，依次压入底盘的矩形槽中。然后在前后橡筋束支架之间黏结加强条，承受橡筋束的纵向拉力。

（4）传动机构的安装。滚轮安装在前橡筋束固定支架和滚轮支架之间。安装的时候，滚轮轴前端穿过滚轮支架，并在它上面套入活动垫片、滚珠、固定垫片，用焊锡把固定垫片和滚轮轴前端头焊牢。滚轮轴的后端，先穿过活动垫片、滚珠、活动垫片，再穿过前橡筋固定支架的轴孔，然后把滚轮轴后端弯成环形钩，用来安装橡筋束。这一步骤可以参照图动力传递滚动的安装。

尼龙线的一头扎紧在前车轴上，并用环氧树脂胶水粘牢。等胶水干涸后转动前轮使尼龙线缠绕在前车轴上。尼龙线在另一头扎在滚轮的固定栓上。

试车和调整

单级轮轴式传动橡筋动力车辆模型的整体组装工作完成以后，就进入调试阶段了，具体来说就是试车和调整。

试车要在较大的场地上进行，并且要事前清除场地上的障碍物，以免撞坏车辆模型。最好两个人配合，一个人捏住动力传递滚轮，如果前轮和前轴紧固得比较好，也可以捏住前轮；另一个人左手握住后橡筋束支架，右手顺时针摇动手摇柄。为了保护橡筋束，当橡筋束上紧到最大可绕转数 n 值的50%左右就插上止动销。然后把车辆模型平放在地上，四个车轮要同地面接触好。对准前进方向后松开手，车辆模型就会向前行驶。

如果车辆模型向后倒退，那就是尼龙线在前轴上的缠绕方向反了，只要改变缠绕方向就可以了。如果车辆模型走不直，调整一下前后轴支架就可以解决。如果调整不过来，可以扩大固定支架的孔径，直到纠正过来为止。如果左右两边的轮子直径不等也走不直，这就需要换轮子。

换微型轴承

为了增加车辆模型的行驶距离，可以在滚轮支架和前橡筋束支架的轴孔中嵌装微型轴承。轴孔径最好比轴承外径稍小一些。为了嵌装更牢固，在嵌装之前要在轴承外面涂一点502胶水，但要注意502胶水不要滴在轴承的钢珠之间。

完成以上工作，我们的单级轮轴式传动橡筋动力车辆模型就制好了。

双轮直接驱动电动车辆模型

双轮直接驱动电动车辆模型是一辆没有专门传动机构的简易电动车辆模型。它可以采用废旧材料，取材方便，成本低，也适合初学者制作。

结构原理

双轮直接驱动电动车辆模型由前轮、后轮、车架（底盘）和动力装置等组成。它的驱动原理比较简单，两只后驱动轮直接安装在电动机的加长轴上，成为特殊的直接驱动电动车辆模型。因为它没有减速机构，所以具有速度快的特点。前桥采用手动定向机构，行驶方向可以任调节。它是一种适宜进行圆周竞速比赛的车辆模型。

零部件的选用和制作

（1）制作车身。取废食品罐头铁皮一张，按图车身的比例尺寸所示来裁剪车身。图车身的比例尺寸所示只是车架的比例尺寸，在实际制作的时候，可以根据所用的铁皮材料有所伸缩。

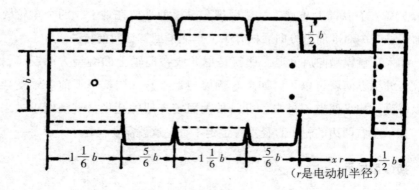

车身的比例尺寸

　　车身截剪好以后，可按图双轮直接传动电动车辆模型实体图所示弯折成形。车身的两边弯成双层，以加强机械强度。车身腰部铁皮朝外下弯成沟槽，便于套橡皮圈紧固电池。电池正极和负极的引发触片必须垫塑料片，以便同车架绝缘，避免造成电池短路事故。

　　（2）车轮的制作。可以利用废干电池制作。取一号废干电池4节，拆出底部后盖的圆铁片作车轮。在铁片的圆心钻1个同电动机轴一样粗细的轴孔，再剪4块长93毫米、宽5毫米的铁皮做轮箍，紧紧地箍在圆铁皮周围，用锡焊牢。为了便于轮箍的焊接，可按图车轮的制作所示剪一个圆环作为固定夹具，旋紧夹具螺丝，使轮箍紧固在圆铁片上再焊接。

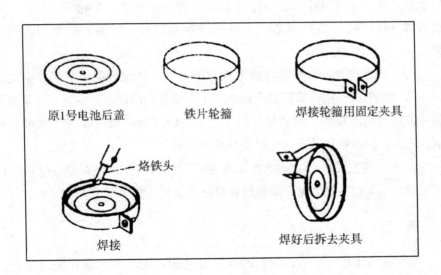

车轮的制作

　　车轮焊好后在轮箍外贴一层胶布，剪一段5毫米宽的自行车内胎，套箍在胶布外面，以增加车轮和地面问的摩擦力。

　　（3）电动机轴的加长。两只后驱动轮是直接安装在电动机轴上的，由于电动机轴较短，所以必须加长。把电动机拆开，取出转子，用锤子轻轻敲击电动机轴，待电动机轴松动后，用顶针把原轴顶出，换上直径2毫米的钢丝加长轴，再把电动机装好。然后在电动机轴两端安装后驱动轮。

如果找不到合适的长轴，可以剪 2 条宽 12 毫米的铁皮，包在电动机轴上卷成圆套管，用钳子夹细后，紧紧套在电动机轴上，用锡焊牢。通常电动机轴两端长短不等，可轻敲较长的一端，使轴两端一样长，然后再套接套管。

整体组装

零部件制作完毕后就可以进行整体组装工作了。整体组装工作可以分 3 步来完成。

（1）安装前桥。用一段直径 2 毫米的自行车旧辐条做前轮轴，穿入前轮支架轴孔。在支架外侧套进定位套管，再安装车轮。车轮是铁质的，所以可以直接焊接。然后用直径 3 毫米的螺丝螺母，把前轮支架固定在车架上。

（2）安装电源。电源可根据电池盒的容积，决定使用 2 节四号电池还是 2 节二号电池。用橡皮圈把电池捆在车身腰部的沟槽里。电池正、负极接触片最好选用富有弹性的磷铜片制作。电流的通断可以在任一个电极和磷铜片之间，通过拔出或插入绝缘塑料片来控制。

（3）安装电动机。电动机放在车身后部的凹槽里，上面盖有电动机固定支架，用 4 对直径 2 毫米的螺丝螺母把电动紧固在车架上。

调　整

整体组装工作完成后，我们的双轮直接驱动电动车就制作完成了。我们制作的模型能够驰骋赛场吗？调试一下就知道了。

双轮直接驱动电动车车辆模型只要电动机运转正常，一般不用调整。但是，如果用它来进行圆周竞速比赛，需要调整前轮支架对底盘的位置。如果车辆模型在直径 1.5～2 米的赛场行驶，前桥应调整 12°左右。

为了保证车辆模型能平稳地作圆周快速行驶，外侧车轮的直径必须大于内侧车轮直径。这只要在外侧车轮上多套箍几层自行车内胎就行。如果用泡沫塑料制成具有锥度的宽边车轮，作圆周行驶的效果就会更理想。

蜗轮杆传动电动车辆模型

　　蜗轮蜗杆传动的电动车辆模型是一种结构较为复杂的车辆模型，制作起来有一定的难度。蜗轮蜗杆机构，是一种大幅度的减速传动机构。车辆模型用这种传动机构，可以获得较大的减速比，能够使驱动轮获得较大的扭力。

结构原理

　　蜗轮蜗杆传动电动车辆模型由前轮、后轮、前桥、后桥、电动机、蜗轮蜗杆、底盘等部分组成。前轮是被动轮，后轮是驱动轮，前桥和后桥分别把前后轮同底盘连接起来。

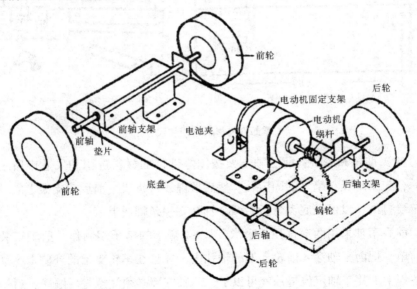

前轮

后轮

电动机固定支架

电动机

蜗杆

前轴支架

电池夹

前轴

垫片

底盘

后轴支架

前轮

蜗轮

后轴

后轮

蜗轮蜗杆传动的电动车辆模型实体图

　　这辆车辆模型的动力传递方式同单级齿轮传动橡筋动力车辆模型类似。不同的是，它以蜗杆带动蜗轮实现减速传动。蜗轮蜗杆动力传递机构的特点是蜗杆转一圈，蜗轮转一齿，如图蜗轮蜗杆传动的特点中所示。

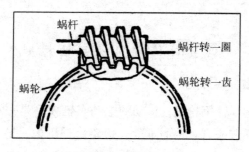

零部件的材料选用和制作

蜗轮蜗杆传动的电动车辆模型部分零部件的材料的选用和尺寸如图零部件的材料选用和尺寸所示。

蜗轮蜗杆传动的特点

（1）前后轮：采用直径 44 毫米、厚度 10 毫米的玩具车轮。

（2）底盘：采用厚 2 毫米、宽 52 毫米、长 160 毫米环氧板。按图零部件的材料选用和尺寸中所示的位置钻 6 个直径 2 毫米的固定孔，并且开出安装蜗轮的矩形槽口。开槽口可以先用手摇钻钻 1 条槽沟，再用什锦锉锉成。

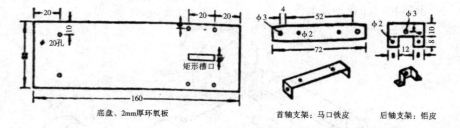

底盘、2mm厚环氧板　　　首轴支架：马口铁皮　　　后轴支架：铝皮

零部件的材料选用和尺寸

（2）前桥和后桥：前后轴支架按图零部件的材料选用和尺寸中所示裁剪后，先钻地径 2 毫米的固定孔，然后按虚线弯折成。前后轮支架上的轴孔一定要打准，以保证底盘弯折后两个轴孔在一条轴线上。

前后车轴采用两根直径 3 毫米、长 84 毫米的销子钢制作。前轴安装比较简单，把前车轴穿入前轮支架的轴孔内，并且在车轮支架的外侧 1.5 毫米处各焊上 1 片车轴定位垫片就可以了。后轴安装必须注意先后顺序，后轴先穿进蜗轮，用 502 胶水把蜗轮紧固在后轴中，再由轴的两端穿入两只后轴支架，找好位置把后轴支架固定底盘上，然后在支架外侧离轴两端 7 毫米处焊 1 片车轴定位垫片。

（3）电动机固定支架：它的尺寸由电动机决定。如果采用 WZY - 131

型电动机，可以用宽 15 毫米、长 87 毫米的马口铁皮制作，依照尺寸在两端钻出直径 3 毫米的固定孔，弯成圆弧紧固电动机。电动机下面的垫板采用 5 毫米厚的松木条制作。电池夹用磷铜片裁剪成，钻出固定孔。

蜗轮、蜗杆可到玩具商店购买市售成品。

安装和调整

零部件准备完毕，就可以进行组装工作了。组装工作可以分为 2 个步骤来完成。

（1）安装前后桥。前后桥的组件制作好后，用直径 2 毫米的螺丝螺母安装在底盘上。安装的时候，要注意后车轴的轴向位置和轴向间隙，使蜗轮蜗杆处于最佳啮合状态。

前后桥安装以后，把前后车轮紧固在车轴上，并用环氧树脂胶黏结。

（2）安装电动机和传动机构。安装方法如图电动机和传动机构的安装中所示。先把蜗杆用 502 胶水黏结在电动机同上。如果是自制的蜗杆，必须加接内径 2 毫米的铜套管。蜗杆粘好后，把电动机放置在

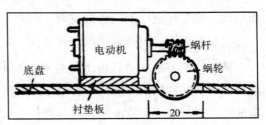

电动机和传动机构的安装

垫板上，使蜗杆同后车轴上的蜗轮啮合，它们的最佳啮合状态是：蜗杆跟蜗轮水平相切，并且蜗杆中部同蜗轮上缘轮齿恰恰啮合。位置确定后就可把电动机安装在底盘上。

最后安装好电池夹和电源开关。

安装完成后，应对车辆模型进行适当调整。行车方向的调整可以通过改变前桥安装位置来实现。蜗轮、蜗杆啮合状态，可以移动电动机前后位置和改变垫板厚度来调节。

调整完成后，我们的车辆模型就完成了。这种车辆模型，可以用来进行 30 米直线竞速比赛。

橡筋伞翼模型飞机

橡筋伞翼模型飞机是伞翼模型飞机的一种。它以橡筋为动力，带动螺旋桨旋转产生拉力，使模型飞机在空中飞行。伞翼机的结构看起来很原始、很简陋，可它是近年来兴趣的新机种，很多人对它很陌生也因此产生了浓厚的兴趣。如1992年第一届和1995年第二届的"飞向北京"全国青少年航空模型比赛，伞翼模型飞机就是指定机型。

伞翼模型飞机的特点

一般模型飞机采用刚性机翼，展弦比较大。而伞翼模型飞机则采用软翅结构，展弦比很小的三角形机翼，或是采用像翼伞一样的充气式软机翼。一般模型有尾翼，而伞翼模型没有尾翼，属于飞翼类型。

从空气动力角度看，由于是软翅（或软翼）和小展弦比，伞翼的空气动力性能不如常规机的机翼。升阻比一般只有常规机翼的1/2左右，效率是很低的。但是伞翼失速推迟，临界迎角比常规机翼的大1倍，甚至更多，使得最大升力系数较大，所以平飞时需要速度也大大降低；而且由于它结构简单，重量轻，使翼载荷大大减小。它拆装简单，重量轻，运输方便，因此在低速度、短跑道作业领域内显示出独特的优越性。故诸如悬挂滑翔、动力伞等这类机型，近年来发展很快。

概括地说，伞翼模型飞机在空气动力方面有3个突出的特点。

（1）方向平衡和方向安定性。

机翼阻力形成的方向力矩决定于左右机翼的对称性。对称时方向力矩平衡，不对称则方向力矩不平衡。下面实例中讲的伞翼模型飞机就是用调整左右机翼不对称来改变方向力矩的。

拉力线如果有左（右）倾角，也会影响左（右）的方向力矩。

常规的模型飞机的方向安定性主要靠垂直尾翼来保证，但有的伞翼机没有尾翼，因此方向安定性依赖于机翼的后掠角。如后掠角过小，将导致方向安定性不足。

（2）横侧平衡和横侧安定性。

右旋螺旋桨会产生使模型向左的滚转力矩。这个力矩对橡筋伞翼模型来说十分强劲。橡筋重量越大，相同重量的橡筋束越短，反作用力矩越大。

左右机翼面积不等（或不对称）会使升力不等而形成滚转力矩。常规模型主要靠机翼的上反角保证横侧安定性，而三角形伞翼基本上没有上反角，其横侧安定性来自2个因素：①机翼的后掠角。但后掠角的横侧安定作用远不如上反角。一般认为10°后掠角还不能保证足够的横侧安定性。②低重心。这类模型的机翼高出机身，好像人们打伞一样，所以就叫"伞翼"。重心在侧压中心以下的相当距离上，侧滑时就会产生较大的恢复力矩。同时类似于"重摆"的作用，倾斜时重心升高后有回复到气动中心下方的趋势，也起到了横侧安定的作用。

（3）俯仰平衡和俯仰安定性。

常规模型飞机的俯仰平衡是由机翼和水平尾翼对于重心的力矩来决定的。而有的伞翼机没有水平尾翼，它的俯仰平衡主要由重心与压力中心相对位置来确定，即重心要在迎力的延长线上。重心靠前将导致迎角减小直到俯冲；重心靠后将导致迎角加大直到失速。

常规模型的俯仰安定性主要由水平尾翼来保证。一般伞翼机靠低重心和机翼的后掠角来保证。常规机翼一般是不安定的，即迎角增大时压力中心前移。伞翼机的伞翼后掠角较大，翼尖部分的位置相对后移，可起到类似水平尾翼的作用。或者说，由于机翼后掠改变了整个机翼压力中心移动的规律，即迎角增加时压力中心后移，迎角减小时压力中心前移。低重心的俯仰安定作用和横侧安定作用相同，也类似重摆的作用。

模型飞机的制作

下面我们就以"希望号"伞翼模型为例，来讲一讲伞翼模型的制作。

"希望号"伞翼模型飞机是工厂生产的套材，模型飞机所用材料都已配齐，只需要按图检查一下，材料是否齐全良好即可。如果自己准备材料，需要按图所注明的材庚和规格尺寸准备好才能制作。

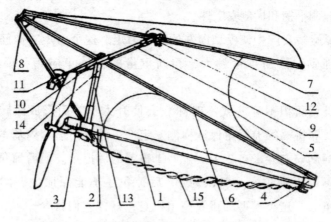

"希望号"模型伞翼飞机完成图

1. 机身，桐木，4×6×280（单位为毫米，下同）； 2. 立柱底座，塑料； 3. 机头（包括螺旋桨），塑料； 4. 机尾（代尾钩），塑料； 5. 翼膜，塑料模（见翼膜展开图）； 6. 纵梁，竹丝，2×350； 7. 前椽，竹丝，2×300； 8. 三接头，塑料； 9. 横梁，桐木，3×3×150； 10. 中卡，塑料； 11. 小橡筋圈，橡筋； 12. 边卡，塑料（二件）； 13. 立柱，桐木3×3×50； 14. 立柱上套，塑料； 15. 动力橡筋，1×1×1800。

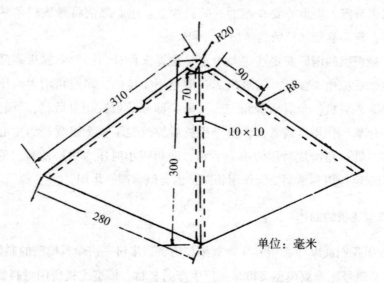

翼膜展开图

按照上图及图注检查材料，材料齐备就可以动手组装了。组装"希望号"伞翼模型飞机需要 4 步来完成。

（1）组装机身。

先将立柱底座穿在机身上；再将机头插在机身一头；然后将机尾插在机身另一头。

组装机身的应当注意，所有插接配合松紧要合适，既能牢固定位，又能手拔出或移动。如木条稍粗可用砂纸轻磨。如木条稍

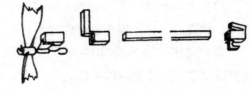

组装机身图

细，可在接插处粘一层纸，纸的厚度要适当。

（2）组装机翼。

先将翼膜开口；用刀剪开出 R20、R8 和 10×10 方孔；将纵梁、前椽穿在翼膜上，接上三接头；将中卡穿在横梁的中部，边卡穿在横梁两端，成为横梁组件；将翼面的纵梁（10×10 的开口处）卡在中卡开口内，用小橡筋圈锁紧开口；边卡穿过翼面 R8 开口处，将前椽横压在横梁上用边卡卡住。

（3）整机组装。

①将纵梁与机尾连接起

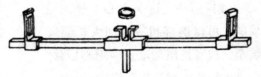

组装机翼横梁图

来；②调整立柱底座的位置，将立柱插在立柱座上。利用立柱上套，将伞翼上的中卡和立柱上端连在一起，完成整机总装。

（4）装橡筋。

将长 1.8 米的橡筋两端并合，结死扣，绕成 3 圈，重量约 2 克；将绕成 3 圈的橡筋挂在桨轴和尾钩之间，略长于机身而自然下垂。

完成以上 4 步，"希望号"伞翼模型飞机就组装好了。

模型的调整和试飞

模型在飞行前，应该进行全面检查。除全面检查之外，还要着重检查以下 3 点：

（1）左右翼面差。左机翼面积应大于右机翼面积。即横梁左侧大于右侧约 10～15 毫米。

（2）拉力线。螺旋桨一般须 5°左右的右倾角。用目测法，从机身下方看桨轴与机身的夹角。

（3）重心位置。重心在纵梁距前端（包括塑料部分）约 140～150 毫米之间。检查方法见图检查重心位置。

检查完毕，如果全部符合要求的话，就可以试飞了。首先可以手掷试飞。

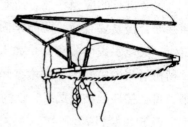

检查重心位置

手掷方法手拿机身中部，模型保持水平，以适当的瞧度，沿机身平行方向掷出，见图手掷试飞方法。

正确姿态按前面讲的方法掷出后，模型缓慢滑翔向右转弯。不正常姿态常有以下 4 种：

（1）俯冲。这是重心太靠前造成的。可以前移机翼、加大机翼安装角，或者机尾加配重使重心后移，也可减轻机头部分重量使重心后移。

（2）失速。这是重心太靠后造成的。纠正方法与前者（俯冲）相反。

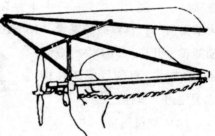

手掷试飞方法

（3）直线滑翔成左转弯。这是左右翼面差不足造成的。可以用向右移动横梁中卡的方法来纠正。

（4）左、右急转下冲。这是左右翼面差太大造成的。可以移动横梁中卡，减小左右翼面差。

在手掷试飞达到正确的滑翔姿态后可进行动力试飞。

动力试飞的时候，绕橡筋方法左手捏机头，右手指沿顺时针方向连续转动螺旋桨，转数从少到多，一般可分为 150、200、250 转。

出手方法右手拿机身中部，左手捏螺旋桨。稍有些左侧风，机翼向右

倾斜，机头向上约45°掷出。翼面要
处于充气上鼓状态。

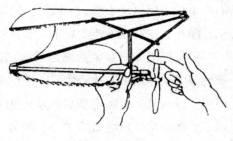

正常状态模型出手后，右旋或
左旋爬升。或是先左旋后右旋爬升。

不正常状态常有：拉翻或失速，
这是右拉或翼面差不足造成的；左
旋下，主要是右拉太小，翼面差太
小造成的；右旋下，主要是右拉太大，翼面差太大造成的。

绕橡筋的方法

提高留空时间的方法

模型飞机组装、调整好以后，按照前面讲的方法和要点去飞，一般都
能飞行10秒以上。但这样的飞行时间总觉得太少，不过瘾，都想飞得时间
再长些才好。为了达到这一目的，可试用以下办法去实践。

（1）增加爬升高度，即大速度垂直滚转爬升的方法。

增加橡筋重量一般增到3～5克之间。加长橡筋束长度，一般为300～
350毫米，使动力时间（螺旋桨转动时间）加长，一般绕500～550转时动
力时间约为30秒。此时释放能量柔和缓慢。高转数用的橡筋要清洗并涂上
润滑油，必须用手摇器且将橡
筋束拉伸后才能摇到高转数。

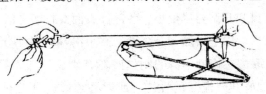

但要注意，绕转数的多少
要看所用橡筋的质量，因此开
始时不要一下就绕到最高转
数，可逐渐递增，试着绕。不
然橡筋束容易断。

用手摇器绕橡筋的方法

橡筋重量的增加，意味着能量增加，爬升速度也会增加，伞翼所产生
的抬头力矩也会随之增加，会造成模型拉翻，这样就不可能实现垂直滚转
爬升的目的。解决的办法有3个：①增加螺旋桨的右拉，利用右转弯克服拉
翻现象；②尽量降低立柱高度，可以桨尖撞不到机翼为准，使其尽量减小
安装角，从而减小抬头力矩；③增加下拉。机头在生产时就已经有了5°左

右的下拉，但这还不够，一般下拉增加到 10～15°。以上几个方法要配合使用，单一方法往往不能实现垂直滚转爬升。

还可以增加螺旋桨的螺距与增加橡筋重量后的能量相匹配。办法是将螺旋桨的桨叶加热变软后使桨叶的前缘向上，后缘向下扭，以加大桨叶角。但要注意两桨叶冷确定型后的桨叶角要相同，防止螺旋桨高转速工作中出现不平衡。桨叶角增加的大小，要看当时使用的橡筋的质量。所以，可多改几支桨叶角不同的桨，经过试验，确定那支桨与那些橡筋相配合。总之，应尽量避免大马拉小车或小马拉大车的现象。

以上几个方面的改变都是相互关联的，要协调好，缺一不可。其目的都是要达到模型出手时机头向上，使模型垂直滚转着急速上升，随着橡筋能量的释放，模型会由垂直滚转上升逐渐变为大角度、小半径盘旋上升直到改出平飞，达到最大的高度。

（2）减小滑翔飞行时的下沉速度，即增加滑翔时间。

为了使模型能正常滑翔，要特别注意调整好重心位置，避免波状飞行。因橡筋束这时比机身长，要将橡筋束的两头与机头和机尾固定好，不得有脱落，以避免改变正常滑翔状态，影响留空时间。

尽量增加有效升力面积，适当减小后掠角。减小空气阻力，如翼的开口和开洞要尽量小，各部件表面要打磨光滑等。

以上增加爬升高度、减小滑翔时的下沉速度的各种方法，都是互相关联的。模型本身的制作好坏有别，外部气候条件瞬息万变，要求模型要有"吃热气流"的性能。所以必须通过自己开动脑筋，耐心实践，细心调整，才能达到飞得高、飞得时间长的目的。